Holger Runne (Hrsg.)

Entdeckungen 2

Geschichten und Bilder aus der Geschichte

SPUREN 20

SCHRIFTENREIHE ZUR GESCHICHTE BIENENBÜTTELS

UND SEINER ORTSTEILE

Bienenbüttel 2016

FSC
www.fsc.org
MIX
Papier aus verantwortungsvollen Quellen
Paper from responsible sources
FSC® C105338

Impressum

Redaktion: Arbeitskreis Geschichte Bienenbüttel

Herausgeber: Holger Runne, Gemeindearchivar

Konzept, Text und Layout: Die Autoren

Herstellung und Verlag: BoD – Books on Demand, Norderstedt

ISBN 978-3-7431-0690-1

Inhaltsverzeichnis

Vorwort

Mit diesem SPUREN-Band erscheinen zum zweiten Mal in loser Abfolge kleinere Beiträge von Mitgliedern des Arbeitskreises Geschichte Bienenbüttel. Die Abhandlungen greifen verschiedene Themen oder Ereignisse aus der Geschichte Bienenbüttels und der Ortsteile auf. Damit soll aufgezeigt werden, dass auch „Kleinigkeiten“ das Verständnis für die Lokalgeschichte fördern können und somit wichtig sind.

Die Mitglieder des Arbeitskreises würden es begrüßen, wenn ihnen – oder dem Gemeindearchiv – weitere Begebenheiten aus der Ortsgeschichte mitgeteilt werden könnten, damit auch diese für neue SPUREN-Bände verfügbar sind.

Arbeitskreis Geschichte Bienenbüttel

Der Name Dieksbeck benennt drei verschiedene Objekte.
Es gibt den Bach mit dem Namen Dieksbeck. Der Bach fließt mit einem größeren Gefälle zur Ilmenau. Mit dem Bau der Neuen Landwehr wurde er öfters gestaut, und es entstanden mehrere Teiche. Auf Plattdeutsch heißt Teich = Diek und Bach = Beck oder Beke. So ist es möglich, dass vor dem Bau der Neuen Lüneburger Landwehr der Bach einen anderen Namen hatte.

In der **Neuen Landwehr** gab es die Durchfahrt mit dem Wachtturm Dieksbeck.

Und dann gab es noch das Gehöft Dieksbeck.

Die Lüneburger Landwehre

Schon 1392 gebot die Landesherrschaft allen Kaufleuten und anderen wandernden, reitenden und fahrenden Leuten die Straßen, die nach Lüneburg führen, zu benutzen. Sollte versucht werden, die Stadt zu umfahren, sollten diese auch büßen. Auch wurde der Stadt das bereits bestehende Stapelrecht und die Anlage einer Landwehranlage zugestanden.
(zit. bei Reinecke I S.149). Das Stapelrecht nötigte alle Kaufleute ihre nicht für Lüneburg bestimmten Waren drei Tage lang in der Stadt zum Verkauf anzubieten. Das Preisgebaren wurde vom Rat überwacht.
Die Lüneburger begannen schon 1397 mit dem Bau der „Alten Landwehr". Diese bestand aus mehreren Erdwällen. Bei der Alten Landwehr waren dies drei bis vier oft ca. 2 Meter hohe Erdwälle. Die „Alte Landwehr" westlich der Ilmenau begann an diesem Fluss bei der Papenburg nahe Bardowick und führte dann über Ochtmissen, Vögelsen nach Reppenstedt. Vom Gut Schnellenberg reichte sie bei Böhmsholz bis an das Sumpfgebiet des Hasenburger Baches. Der Bach bildete dann weiter zur Roten Schleuse bis zu seiner Einmündungin die Ilmenau eine natürliche Wehr.
An wichtigen Handelswegen, die die Landwehr durchschnitten, befanden sich Wachttürme und Schlagbäume, die von Landwehrknechten bewacht wurden. Dort befanden sich auch Landwehrkrüge für die Versorgung der

Fuhr- und Wandersleute. Der Ausbau der Alten Landwehr war 1406 vollendet.
1479 wurde mit dem Bau der „Neuen Landwehr" östlich der Ilmenau begonnen. Sie begann am Rande des Neetzebruches bei Rullstorf, führte dann an Barendorf vorbei bis in das Quellgebiet des Dieksbeck. Von dort war der Dieksbeck ein natürlicher Schutz bis zu seiner Einmündung in die Ilmenau. Die „Neue Landwehr" hatte nur einen bis zu drei Meter hohen Erdwall und beidseitig bis zu eineinhalb Meter tiefe Gräben. Diese verhinderten ein Umfahren. Auch bei der „Neuen Landwehr" waren die Hauptdurchlässe für die Fernhandelsstraßen Uelzen – Braunschweig/ Magdeburg mit dem Meineketurm im Quellgebiet des Dieksbeck und nach Bleckede – Boizenburg und Dannenberg – Dömitz mit dem Bockhorn – Turm beim Bilmer Strauch gesichert. Die „Neue Landwehr" wurde 1484 fertiggestellt.[1]

Neue Landwehr bei Reppenstedt

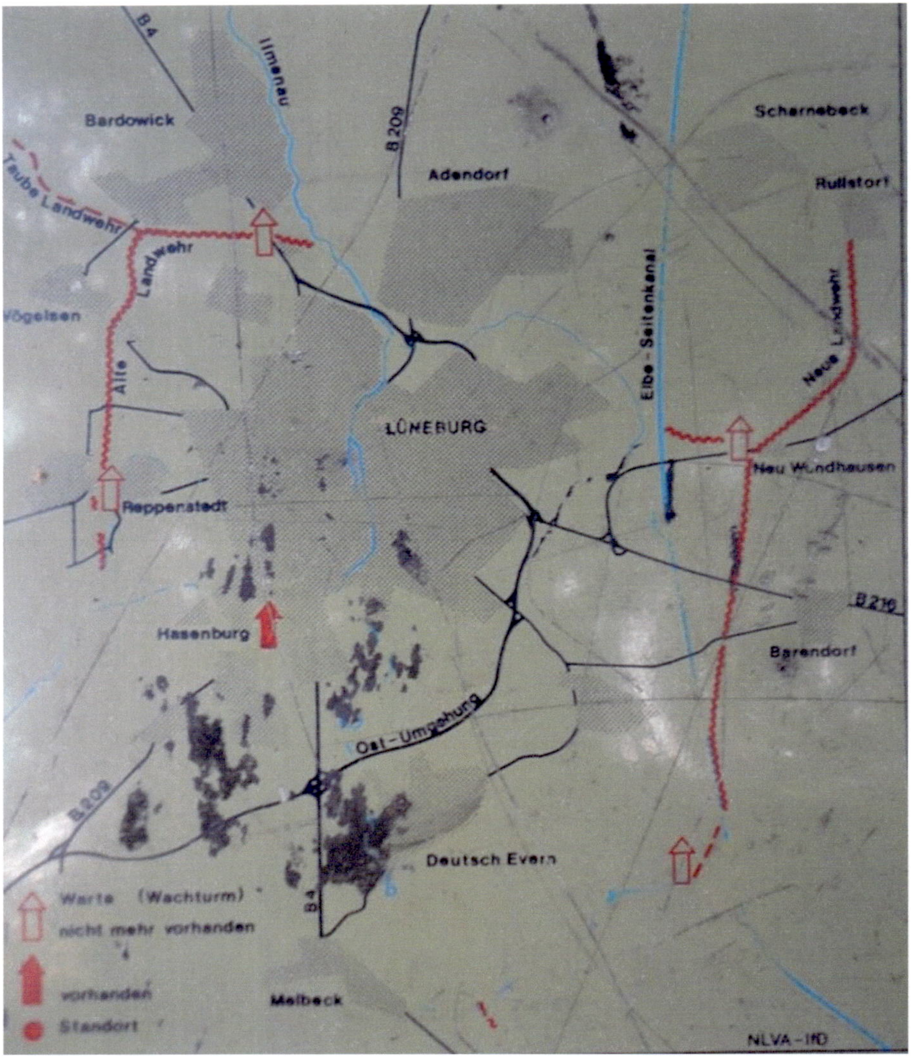

Bildtafel bei Oedeme-Alte und Neue Landwehr

Dieksbeck in der Neuen Landwehr

Dieksbeck lag an der Märkischen Heerstraße, die Lüneburg mit Uelzen, Celle, Braunschweig und anderen Orten verband. Auf dem Gebiet der Gemeinde Bienenbüttel ging die Heerstraße entlang der heutigen Uelzener Straße vorbei an der Vogtei, durch die Ilmenaufurt und dann an Hohenbostel vorbei in Richtung Dieksbeck. Weiter führte sie dann über Deutsch Evern nach Lüneburg.
Die Straße hat im Laufe der Jahrhunderte viele Funktionen gehabt. Vorbei an dem einstelligen Hof Dieksbeck diente sie für Deutsch Evern als Verbindung zur Findorffs-Mühle zwischen Hohenbostel und Bienenbüttel. Die Findorffs-Mühle war, neben den Mühlen in der Stadt Lüneburg, die einzige Mühle östlich der Ilmenau in der Nähe von Deutsch-Evern. [2]

Die Märkische Heerstraße war bis in die 1790er Jahre die Hauptverbindung von und über Bienenbüttel nach Lüneburg.[3]. Nach 1800 entstand eine neue Heerstraße (Chaussee): die heutige B4.

Dicksbeck Deutsch-Evern

Das Wohnhaus vom Dieksbeck auf Deutsch Everner Postkarten

Hof Dieksbeck

Der Hof Dieksbeck lag ca. 3 km von Hohenbostel in Richtung Deutsch Evern entfernt. Anfang des 20. Jahrhunderts war dort evtl. eine Gastwirtschaft mit Landwirtschaft. Die landwirtschaftliche Fläche waren ca. 50 Mrg. Ackerland und 20 Mrg. Wiesen. Nachdem der Arzt Dr. Ernst Rumpf aus Hamburg das Anwesen um 1935 gekauft hatte, war der dortige Pächter der aus Eitzen I stammende Wilhelm Hinrichs. Nach der Pachtaufgabe 1949 pachtete er später den Röperschen Hof in Bargdorf (Nach mündlicher Überlieferung von Alma Müller-Werner, Hohenbostel). Außerdem besaß Dr. Rumpf im Dieksbeck ein villenähnliches Wochenendhaus. Darin wohnte später der Förster Witte von der Lüneburger Forst.

Ansichten des Wohnhauses Dieksbeck

Der Hof Dieksbeck hatte eine sehr wechselvolle Geschichte, wie aus den folgenden Ausführungen zu ersehen ist:

Persönliche Erinnerungen von Alma Müller-Werner, Hohenbostel

Beim Dieksbeck war bis vor dem 2. Weltkrieg eine Gastwirtschaft, wahrscheinlich aber nur noch unter der Brinksitzer-Witwe Leppert. (Ein Brinksitzer war jemand, der am Dorf oder etwas weiter entfernt ein Haus oder eine kleinere Landwirtschaft hatte. In einigen Gegenden hatte er ein Stimmrecht im Ort in einigen anderen aber nicht). Der Pächter Hinrichs betrieb diese nicht mehr. Die Gastwirtschaft hatte keinen guten Ruf, sodass selbst der Pastor von der Kanzel auf die Missstände hinwies.

Persönliche Erinnerungen von Dietrich Dirksen, Bielefeld

Sein Vater Georg Dirksen pachtete die landwirtschaftlichen Flächen in Dieksbeck vom April 1950 bis zum November 1954.

Es soll z.B. vorgekommen sein, dass während der Getreideernte der Pächter mit seinen Helfern nach Hause geschickt wurden, da dort gerade Gefechtsübungen des britischen Militärs stattfanden. Darum bekam er für die Beendigung der Pachtung eine Entschädigung und kaufte sich einen Hof in Wettenbostel im Kreis Uelzen.

Vorgänge im Stadtarchiv Lüneburg

Die Niederschriften im Stadtarchiv Lüneburg geben ein interessantes Bild auf den Hof und die Gastwirtschaft Dieksbeck, wie die folgenden Auszüge der Akte G3dc Nr. 32 aus dem Stadtarchiv Lüneburg zeigen.

Im Jahr 1737 lautete der Antrag für die Genehmigung zum Betrieb einer Schankwirtschaft wie folgt:
„Schankwirtschaftliche inspecie Bier und Branntweinschänken.
Acta.
Betr.: die beabsichtigte Anlegung einer Frachtfuhr – Herberge zu Diecksbeck amts Lüne, und die von Seiten der Stadt dagegen erhobenen Bedenken."

Aus dieser Akte geht außerdem hervor, dass im Jahr 1737 der damalige Betreiber der Gastwirtschaft Claus Burmeister einen Antrag auf Erstellung eines Gasthauses mit Stallungen für Pferde stellt.

Am 10. Mai 1737 gab es daraufhin einen Widerspruch durch den Amtsvoigt Stille in Bienenbüttel, da in Bienenbüttel schon eine Wirtschaft existiere und durch die Erstellung des Gasthauses mit den Übernachtungen dessen Existens gefährdet sei. Auch die Stadt Lüneburg äußerte Bedenken, dass durch die Genehmigung in knapp zwei Meilen Entfernung ein Exempel genehmigt würde.
Das in Dieksbeck vorhandene Gasthaus war in der Zeit von 1791 bis 1794 für jährlich 30 Mariengroschen an die Witwe eines Hans Voigt verpachtet.

1795 bestellten die Hohenbosteler Bauern die Flächen des Brinkhofes mit und hatten dafür gemeinschaftlich an Dienstgeld einen Taler, für 3tägige Handburgfesten 13 Mariengroschen 4 Pfennige und 52 Tage Handdienste zu leisten. [4]

Wegen Trunkenheit des Betreibers Johann Jürgen Brunhöfer gab es im Jahr 1834 die folgende Anzeige:

„Lüne den 19. März 1834

Anzeige gegen den Krüger Johann Jürgen Brunhöfer wegen dauernder Trunkenheit und Lärmens. Brunhöfer wird vom Amt Lüne wegen Trunkenheit bestraft." [5]

Nach der Verkopplung um 1840 konnten die Bauern ihre jährlichen Verpflichtungen in einer Summe ablösen. Dieses tat der Brinksitzer Hans Heinrich Saucke im Jahr 1860:

„*Ablösungsrezeß zwischen dem Königlichen Finanz-Ministerio, Abteilung für Domain und Forsten zu Hannover und dem*
Brinksitzer Hans Heinrich Saucke zu Diecksbeck.
Ablösungsumme:
54 Thaler, 7 Groschen, 5 Pfennige Courant an das Amt Lüne zu zahlen.
Akte Lüneburg, den 28. April 1860" [6]

1866 fand eine Hofübergabe und eine Ehestiftung statt:

„*Brinksitzerstelle des Hans Heinrich Saucke zu Diecksbeck, jetzt Hans Jürgen Saucke.*
Geschehen zu Lüneburg am 24. Nov. 1866
Hans Heinrich Saucke
Ehefrau Anna Dorothee Margarethe geb. Brammer
Vertrag: Hofübergabe, Altenteilsbeschreibung und Ehestiftung
Hans Jürgen Saucke
mit Marie Dorothee Elisabeth Vertein zu Reinstorf
Vater: Häusling Franz Heinrich Vertein, Reinstorf"

Schon zehn Jahre später am 24.08.1876 erscheint in der Zeitung *Lüneburgische Anzeigen* ein Inserat:

„***Verkauf*** *der Abbauer-Stelle zu Dieksbeck bei Hohenbostel.*
Der Abbauer Jürgen Saucke zu Diecksbeck beabsichtigt seine Abbauer-Stelle daselbst, bestehend aus:
einem Wohnhaus aus Fachwerk, mit Stroh gedeckt, mit einem Garten von etwa 60 Quadratruthen hannov. Maaß;
einem Schafstall ebenso gebauet;
einer Scheune, massiv, mit Stroh gedeckt;
einem Häuslingshaus aus Fachwerk, mit Ziegeln gedeckt;
einem Schweinestalle aus Fachwerk, mit Stroh gedeckt;

93 Morgen 22 Quadratruthen hannov. Maaß Ackerland, Wiesen, Weide, Holzbestand und Haide, am
Donnerstag, den 7.September, 11 Uhr Vormittags
Entweder im Ganzen oder in 3 Abtheilungen öffentlich meistbietend durch den Unterzeichneten an Ort und Stelle verkaufen zu lassen
Hanke, Gerichtsvoigt und Auctionator."

In der Hohenbosteler Chronik ist folgendes zu lesen: [7]

1691:
„*Klagen über das unmoralische Treiben in der Dieksbecker Schänke: (Saufgelage, Raub, Totschlag, Hurerei)*
Eine Magd wird im Hohenbosteler Forst von einem Räuber notgeschwängert und hat ein Hurenkind taufen lassen (Angaben sind nach der gemeinen Rede)"

1712
„*Dieksbeck wird vergrößert und führt jetzt den Namen „Herbergerei und Wirtschaft*""

1795
„*Die neue Chaussee (B4) wird gebaut, der alte Postweg über Hohenbostel wird bedeutungslos.*"

In **Adressbücher der Stadt Lüneburg und des Landkreises Lüneburg** sind als Adresseninhaber des Dieksbeck – Hohenbostel Nr. 13 folgende Personen aufgeführt:

1905	Johann Wiepel, Brinksitzer
1910	Johann Wiepel, Brinksitzer
1916	Johann Wiepel, Brinksitzer
1921	Leppert, Wwe
1925	Leppert, Brinksitzers-Wwe
1930	Leppert, Brinksitzers-Wwe
1939	Dr. med. Rumpf

Der Hof Dieksbeck hatte eine sehr wechselvolle Geschichte, wie aus den folgenden Ausführungen zu ersehen ist:

Persönliche Erinnerungen von Alma Müller-Werner, Hohenbostel

Beim Dieksbeck war bis vor dem 2. Weltkrieg eine Gastwirtschaft, wahrscheinlich aber nur noch unter der Brinksitzer-Witwe Leppert. (Ein Brinksitzer war jemand, der am Dorf oder etwas weiter entfernt ein Haus oder eine kleinere Landwirtschaft hatte. In einigen Gegenden hatte er ein Stimmrecht im Ort in einigen anderen aber nicht). Der Pächter Hinrichs betrieb diese nicht mehr. Die Gastwirtschaft hatte keinen guten Ruf, sodass selbst der Pastor von der Kanzel auf die Missstände hinwies.

Persönliche Erinnerungen von Dietrich Dirksen, Bielefeld

Sein Vater Georg Dirksen pachtete die landwirtschaftlichen Flächen in Dieksbeck vom April 1950 bis zum November 1954.

Es soll z.B. vorgekommen sein, dass während der Getreideernte der Pächter mit seinen Helfern nach Hause geschickt wurden, da dort gerade Gefechtsübungen des britischen Militärs stattfanden. Darum bekam er für die Beendigung der Pachtung eine Entschädigung und kaufte sich einen Hof in Wettenbostel im Kreis Uelzen.
Im Jahr 1737 lautete der Antrag für die Genehmigung zum Betrieb einer Schankwirtschaft wie folgt:
„Schankwirtschaftliche inspecie Bier und Branntweinschänken.
Acta.
Betr.: die beabsichtigte Anlegung einer Frachtfuhr – Herberge zu Diecksbeck amts Lüne, und die von Seiten der Stadt dagegen erhobenen Bedenken.“

Aus dieser Akte geht außerdem hervor, dass im Jahr 1737 der damalige Betreiber der Gastwirtschaft Claus Burmeister einen Antrag auf Erstellung eines Gasthauses mit Stallungen für Pferde stellt.

Am 10. Mai 1737 gab es daraufhin einen Widerspruch durch den Amtsvoigt Stille in Bienenbüttel, da in Bienenbüttel schon eine Wirtschaft existiere und durch die Erstellung des Gasthauses mit den Übernachtungen dessen Existens gefährdet sei. Auch die Stadt Lüneburg äußerte Bedenken, dass durch die Genehmigung in knapp zwei Meilen Entfernung ein Exempel genehmigt würde.
Das in Dieksbeck vorhandene Gasthaus war in der Zeit von 1791 bis 1794 für jährlich 30 Mariengroschen an die Witwe eines Hans Voigt verpachtet.

1795 bestellten die Hohenbosteler Bauern die Flächen des Brinkhofes mit und hatten dafür gemeinschaftlich an Dienstgeld einen Taler, für 3tägige Handburgfesten 13 Mariengroschen 4 Pfennige und 52 Tage Handdienste zu leisten. [4]

Wegen Trunkenheit des Betreibers Johann Jürgen Brunhöfer gab es im Jahr 1834 die folgende Anzeige:

„*Lüne den 19. März 1834*

Anzeige gegen den Krüger Johann Jürgen Brunhöfer wegen dauernder Trunkenheit und Lärmens. Brunhöfer wird vom Amt Lüne wegen Trunkenheit bestraft.“ [5]

Nach der Verkopplung um 1840 konnten die Bauern ihre jährlichen Verpflichtungen in einer Summe ablösen. Dieses tat der Brinksitzer Hans Heinrich Saucke im Jahr 1860:

„*Ablösungsrezeß zwischen dem Königlichen Finanz-Ministerio, Abteilung für Domain und Forsten zu Hannover und dem*
Brinksitzer Hans Heinrich Saucke zu Diecksbeck.
Ablösungsumme:
54 Thaler, 7 Groschen, 5 Pfennige Courant an das Amt Lüne zu zahlen.
Akte Lüneburg, den 28. April 1860“ [6]

1866 fand eine Hofübergabe und eine Ehestiftung statt:

„Brinksitzerstelle des Hans Heinrich Saucke zu Diecksbeck, jetzt Hans Jürgen Saucke.
Geschehen zu Lüneburg am 24. Nov. 1866
Hans Heinrich Saucke
Ehefrau Anna Dorothee Margarethe geb. Brammer
Vertrag: Hofübergabe, Altenteilsbeschreibung und Ehestiftung
Hans Jürgen Saucke
mit Marie Dorothee Elisabeth Vertein zu Reinstorf
Vater: Häusling Franz Heinrich Vertein, Reinstorf"

Schon zehn Jahre später am 24.08.1876 erscheint in der Zeitung *Lüneburgische Anzeigen* ein Inserat:

*„**Verkauf** der Abbauer-Stelle zu Dieksbeck bei Hohenbostel.*
Der Abbauer Jürgen Saucke zu Diecksbeck beabsichtigt seine Abbauer-Stelle daselbst, bestehend aus:
einem Wohnhaus aus Fachwerk, mit Stroh gedeckt, mit einem Garten von etwa 60 Quadratruthen hannov. Maaß;
einem Schafstall ebenso gebauet;
einer Scheune, massiv, mit Stroh gedeckt;
einem Häuslingshaus aus Fachwerk, mit Ziegeln gedeckt;
einem Schweinestalle aus Fachwerk, mit Stroh gedeckt;
93 Morgen 22 Quadratruthen hannov. Maaß Ackerland, Wiesen, Weide, Holzbestand und Haide, am
Donnerstag, den 7.September, 11 Uhr Vormittags
Entweder im Ganzen oder in 3 Abtheilungen öffentlich meistbietend durch den Unterzeichneten an Ort und Stelle verkaufen zu lassen
Hanke, Gerichtsvoigt und Auctionator."

In der **Hohenbosteler Chronik** ist folgendes zu lesen: [7]

1691:
„Klagen über das unmoralische Treiben in der Dieksbecker Schänke:
(Saufgelage, Raub, Totschlag, Hurerei)

Eine Magd wird im Hohenbosteler Forst von einem Räuber notgeschwängert und hat ein Hurenkind taufen lassen (Angaben sind nach der gemeinen Rede)"

1712
„Dieksbeck wird vergrößert und führt jetzt den Namen „Herbergerei und Wirtschaft""

1795
„Die neue Chaussee (B4) wird gebaut, der alte Postweg über Hohenbostel wird bedeutungslos."

In **Adressbücher der Stadt Lüneburg und des Landkreises Lüneburg** sind als Adresseninhaber des Dieksbeck – Hohenbostel Nr. 13 folgende Personen aufgeführt:

1905	Johann Wiepel, Brinksitzer
1910	Johann Wiepel, Brinksitzer
1916	Johann Wiepel, Brinksitzer
1921	Leppert, Wwe
1925	Leppert, Brinksitzers-Wwe
1930	Leppert, Brinksitzers-Wwe
1939	Dr. med. Rumpf
1949/50	keine Eintragung mehr

Um 1900 war die Gastwirtschaft ein vielbesuchtes Ausflugslokal der Lüneburger und Deutsch Everner Bürger. Sogar auf Deutsch Everner Ansichtskarten war das Haupthaus vom Dieksbeck abgebildet.

Im Grundbuch von Hohenbostel Band I, Blatt 12 und Deutsch Evern wird die Brinksitzerstelle Haus-Nr.13 zu Hohenbostel mit Bestandteilen in der Gemarkung Deutsch Evern mit 91, 6155 ha angegeben. Eigentümer ist Dr. med. Ernst Rumpf, Altona-Gr. Flottbeck (Facharzt für Lungenkranke, Hamburg – Großflottbeck, Parkstraße 31). Der Vater von Dr. Rumpf war Förster und darum ist anzunehmen, dass Dr. Rumpf in seiner Jugend viel mit seinem Vater im Wald war, und es für ihn ein Glück bedeutete, dieses Anwesen inmitten großer Wälder erwerben zu können. [8]

Nach dem 2. Weltkrieg kam es zum Verkauf des Anwesens von Dr. Rumpf. Dr. Rumpf war 1949 ca. 80 Jahre alt und seine Frau ca. 76 Jahre alt. Durch die Währungsreform am 20. Juni 1948 war er in finanzielle Schwierigkeiten gekommen und hatte auch keine Rentenansprüche. Darum setzte er auf einen zügigen Verkauf. Der Hof sollte an die Stadt Lüneburg verkauft werden. Wegen Schwierigkeiten mit dem Landwirtschaftsgericht, denn Städte durften keine landwirtschaftlichen Flächen kaufen, wandte er sich sogar an den Präsidenten des Niedersächsischen Landvolks Edmund Rehwinkel.

Beschluss des Rates der Stadt Lüneburg in der Sitzung vom 26.10.1949

„*Pkt.11*
Der Rat beschließt den Ankauf des Herrn Dr. med. E. Rumpf gehörenden Hofes Dieksbeck zur Größe von 91 ha. 81 a, 55 qm zum Preise von 75.000,- DM. Die Grunderwerbskosten werden zur Hälfte übernommen. Die Finanzierung des in bar zu entrichtenden Teiles des Kaufpreises in Höhe von 30.000,- DM zuzüglich des auf die Stadt entfallenden Teiles der Grunderwerbskosten sollen aus dem der Stadt aus dem Verkauf von Exportholz noch zufließenden Kaufpreis von 20.575,- DM sowie aus Einnahmen aus zusätzlichem Holzeinschlag erfolgen. Der restliche Kaufpreis soll in drei gleichen Jahresraten aus den Haushaltsplänen der kommenden Jahre gezahlt werden.

Die für das Grundstück auf Grund des Soforthilfeprogramms aufzubringenden Leistungen werden von der Stadt nicht übernommen, soweit sie nicht als Belastung des Grundstücks auf den Kaufpreis in Anrechnung gebracht werden.

Gez. Bockelmann
Oberstadtdirektor
als Protokollführer“

Es gab aber Schwierigkeiten mit dem Grundstücksverkehrsausschuss, der diesen Kaufvertrag wegen ungesunder Flächenverteilung nicht genehmigen wollte.

Beschluss des Amtsgerichts Lüneburg – Landwirtschaftsgericht – vom 14. Dez. 1949

„*Der Kaufvertrag zwischen den Antragstellern vom 29.10.1949 wird unter der Bedingung genehmigt, dass die Erwerberin die Hofstelle, das bisherige Kulturland und die Waldfläche von mindestens 10 ha innerhalb eines Jahres im Einvernehmen mit dem Kulturamt Lüneburg an einen Berufslandwirt veräußert.*
Die Kosten des Verfahrens tragen die Antragsteller.
Der Geschäftswert wird auf 75.000,--DM festgesetzt.
Beschwerdebelehrung.
Lüneburg, d. 15. Dez. 1949“

Am 11. März 1950 ist folgendes protokolliert:

„*Am 3.3.1950 um 16^{oo} Uhr fand in Hof Dieksbeck der Termin des Oberlandesgerichts Celle statt.*
Nach langer Beratung wurde der Beschluss des Landwirtschaftsgerichts Lüneburg aufgehoben.
Die Stadt erhält die Genehmigung zum Ankauf mit der Auflage, den landwirtschaftlich genutzten Teil auf die Dauer von mindestens 12 Jahren zu verpachten.“

Der bisherige Pächter Hinrichs ist mit seinem gesamten landwirtschaftlichen Inventar nach Bargdorf gezogen.

Es waren mehrere Bewerbungen für die Pachtungen vorhanden.
Für die Fischteiche war im Jahr 1949 der Fischermeister Paul Muthmann der Pächter. Der heutige große Teich war damals in fünf kleinere Teiche unterteilt.

Die Lüneburger Landeszeitung berichtet am 09.06.1950:

„Stadt übernimmt den Waldhof Dieksbeck.
Lüneburg.
Da die Landwirtschaftskammer Hannover ihren Einspruch als obere Landwirtschaftsbehörde beim Obersten Gerichtshof in Köln gegen einen Entscheid des Oberlandesgerichts Celle zurückgezogen hat, nachdem der Ankauf des rund 360 Morgen großen Hofes Dieksbeck zwischen Deutsch Evern und Hohenbostel durch die Stadt Lüneburg genehmigt wurde, geht der Hof jetzt in städtisches Eigentum über. Der Kaufpreis beträgt etwa 75.000,--DM. Da etwa 60 Morgen landwirtschaftlich nutzbarer Fläche wegen des zwischen Landwirtschaftskammer und Stadt geführten Rechtsstreites seit Oktober 1949 brachlagen, hat die Stadt Lüneburg bereits vor Beendigung der schwebenden Verfahren entsprechend der Entscheidung des Oberlandesgerichts vor etwa vier Wochen einen vom Lüneburger Kulturamt vorgeschlagenen ostvertriebenen Landwirt als Pächter auf dem Gut eingesetzt, der es auch weiter bewirtschaften wird. Das über 360 Morgen große Waldgelände soll unter Regie des Stadtforstamtes hauptsächlich mit Mischwald aufgeforstet werden. Dadurch erhöht sich die vom Stadtforstamt bewirtschaftete Waldbodenfläche nunmehr auf über 1000 Hektar.“

Ab September 1971 wurde der Truppenübungsplatz erweitert. Damit ging auch ein großer Teil des Dieksbeckhofes in den Truppenübungsplatz auf.
1974 wurden im Rahmen von Übungen die Gebäude niedergebrannt.

Alte Hofstelle mit Fundament 2014

Dieksbeckteich 2014

Quellen:
Elmar Peters, Geschichte einer 1000jährigen Stadt 956-1956
S 33-34
Jürgen Stehr, Chronik Deutsch Evern, S 136
Vortrag von Hans-Jürgen Vogtherr, Uelzen im Heidewanderer vom 30. März 2013, S 51. Thema: Reisen im 16. Jahrhundert.
„ In den neunziger Jahren des 18.Jahrhunderts wurde die heutige Trasse der B4 angelegt, als „Chaussee“, also gepflastert.

4. Holger Runne: Geschichte der Amtsvogtei (Bienenbüttel) S. 43
5. Kreisarchiv Lüneburg—474,7
6. Kreisarchiv Lüneburg---512,24
7. Alfred Sander,-Chronik Hohenbostel
8. Stadtarchiv Lüneburg / LA 232001—39

Fotos--privat

Bienenbüttels erster Chronist — Eberhard Behnke

Vor 300 Jahren hielt Bienenbüttels Pastor Philipp Julius Toppius[1] die seiner Meinung nach wichtigen Ereignisse in einem Pfarrtagebuch fest.[2] Vor 230 Jahren konnten diese Aufzeichnungen beim Brand des Pfarrhauses (1786) noch gerade so den Flammen entrissen werden. Vor 90 Jahren gab Pastor Haentzsche im HEIDEWANDERER einen ersten Einblick in diesen schriftlichen Nachlass.[3] Heute soll das Buch noch einmal aufgeschlagen werden. 89 Folioseiten sind erhalten geblieben, manche schon sehr vergilbt und nur schwer lesbar.

Ob ich mich Zwar nach aler Möglichkeit Vor Zank und Streit gehütet, in Betrachtung, daß es sehr ärgerlich ist, und wenig erbaulich, wenn Prediger mit ihren Zuhörern Zancken, so heißet es doch, man kan nicht lange Friede haben, alß der Nachbahr es begehret, und Wenn man alles über sich gehen laßet, wird es mehr Von einer Einfalt und Zaghafftigkeit, alß Vor eine Sanfftmuht und Gelindigkeit geachtet.

Pastor Toppius war ohne Frage eine Kampfnatur, ein ganzer Mann, ein energischer Charakter mit einem ausgeprägten Sinn für Gerechtigkeit und Wahrheit, so beschreibt Pastor Haentzsche seinen Amtsvorgänger. Der Amtsvogt auf der Vogtei forderte ihn einmal zum Duell auf dem Kirchhof. Seinem Amtsbruder in Wichmannsburg verweigerte er sogar die Beichte.

Toppius war sicher kein einfacher Mensch und ging keiner Auseinandersetzung aus dem Weg. Streitigkeiten mit seinen Gemeindemitgliedern und Differenzen mit den Behörden, aber auch Abschriften von erlassenen Verordnungen hielt er in seinen Aufzeichnungen fest. Unser Augenmerk soll hier aber nur den besonderen Ereignissen gelten, soweit sie als lokale kulturgeschichtliche Quelle von Interesse sind.[4]

Einen breiten Raum in seinen Aufzeichnungen nahm natürlich das kirchliche Leben in der Gemeinde ein.

Predigten
Über die zum Teil sehr langen Predigten einiger Pfarrer hatten sich Kirchgänger beschwert und das Konsistorium in Hannover sah sich 1709 genötigt, entsprechend einzuschreiten.

Nachdem Wier vernehmen, daß verschiedene Prediger im Herzogthum Lüneburg und der UnterGraffschafft Hoya sehr lange predigen, und dadurch die Zuhörer offt verdroßen machen, die jenigen aber, so von weiten dahin in die Kirche gehen müßen, über die Gebühr auffhalten sollen, ein solches aber theils wenig erbauet, theils sich nicht geziemet. Es sollte künftig an Sonn- und Festtagen nicht länger als eine ¾ Stunde gepredigt und die Wochenpredigten nicht mehr über ½ Stunde ausgedehnt werden.

Gesangbücher
1696 wurde ein neues Gesangbuch eingeführt. Bis alle mit dem neuen Buch versehen waren, sollten jeweils beide Nummern, nach dem alten und neuen Gesangbuch, während des Gottesdienstes an den Tafeln angezeigt werden. Dies führte wohl in manchen Kirchen zu einem ungewollten zweistimmigen Kanon.

So viel ich nachricht erlange, sind die meisten Prediger mit solche unnöthigen Verenderung der Gesänge gar übel Zu frieden, weiln es im singen große Verwirrung giebet. Ein StadPrediger Zu Zelle, H. Hesemann, soll öffentlich dagegen geprediget haben, daß die Hh. Politici mit solchen Veränderungen der Gesänge nichtes solten Zu thun haben.

Kirchenjuraten,
heute sind es die Kirchenvorsteher, wurden bis etwa 1860 noch auf Lebzeiten gewählt. Nach der Vorstellung der Fürstlichen Regierung sollten *allemahl jedes ohrtes solche Leute Zu Kirchenjuraten genommen und bestellet werden, welche des Bauwesens einiger maßen kündig, und gute Haußhälter seyn.* Sie sollten also den Pastoren bei der Erhaltung der Bausubstanz tatkräftig unterstützen. Doch wie mag diese wohl ausgesehen haben, wenn sie schon *alters und Schwachheit halber vom Umhertragen des Klingelbeutels befreit werden mußten?*

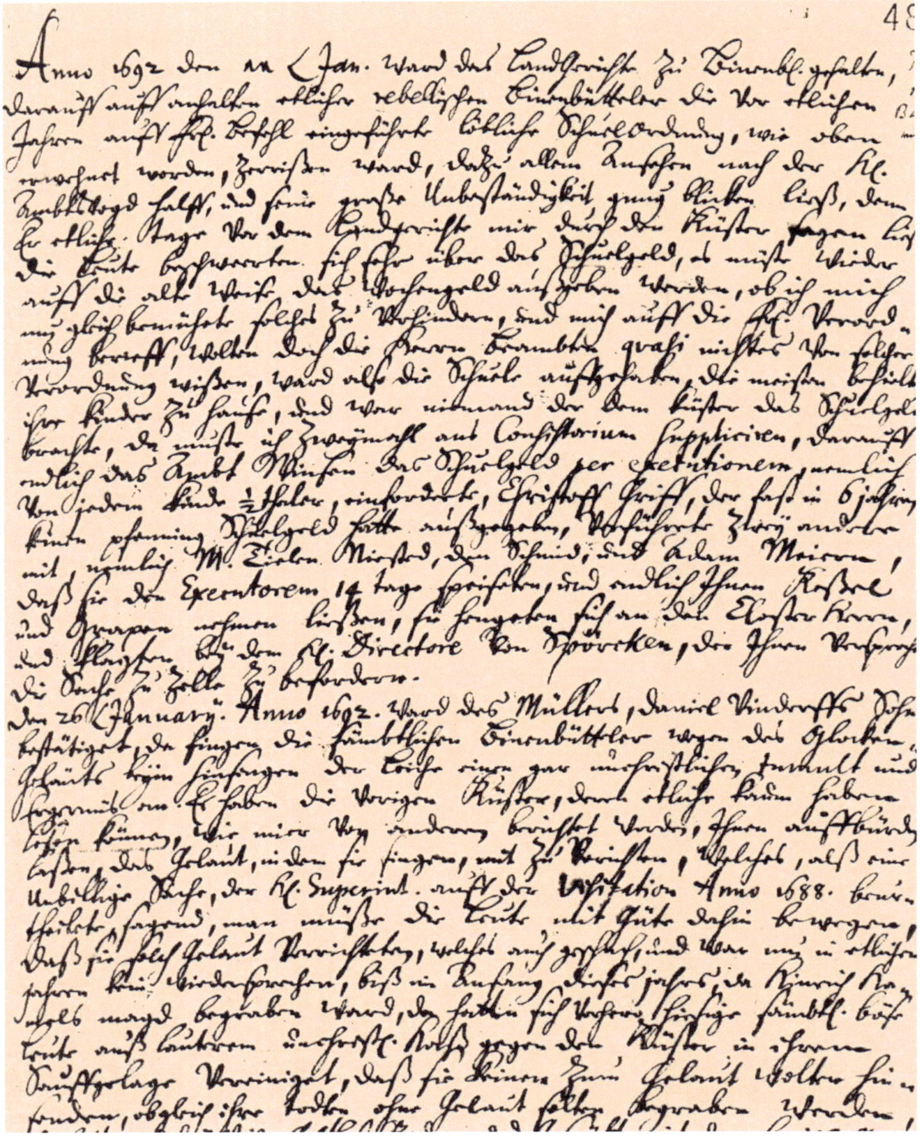

48

Anno 1692 den 22 Jan. ward das Landgericht zu Bienenbl. gehalten,
darauff auff anhalten etlicher rebellischen Bienenbüttler die vor etlichen
Jahren auff Fstl. Befehl eingeführte löbliche Schulordnung, wie oben
gemeldet worden, zerrissen ward, daß allem Ansehen nach der H.
Amtsvogt selbst, und seine große Unbeständigkeit gnug blicken ließ, denn
er etliche Tage vor dem Landgericht mir durch den Küster sagen ließ
die Leute beschwerten sich sehr über das Schulgeld, es müste wieder
auff die alte Weise das Wochengeld aufgehoben werden, ob ich mich
nun gleich bemühete solche zu verhindern, und mich auff die Fstl. Verord-
nung berieff, wolten doch die Herren Beambten gar nichts von solcher
Verordnung wißen, ward also die Schule auffgehoben, die meisten behielten
ihre Kinder zu hause, und war niemand der dem Küster das Schulgeld
brachte, da muste ich zweymahl ans Consistorium suppliciren, darauff
endlich das Ambt [illegible] das Schulgeld per executionem, nemlich
von jedem Kinde ½ Thaler, einfordert, Christoff [illegible], der fast in 6 Jahren
keinen pfennig Schulgeld hatte außgegeben, verführete zwey andere
mit, nemlich M. [illegible] [illegible], den Schmid, und Adam Meier,
daß sie den Executorem 14 tage speiseten, und endlich ihnen Kessel
und Grapen nehmen ließen, sie begaben sich an den Closter Herrn,
und klagten bey dem H. Directore von Spörcken, der ihnen versprach
die Sache zu Zelle zu befordern.
Den 26 January Anno 1692. ward des Müllers, Daniel [illegible] Sohn
bestätiget, da fingen die sämbtlichen Bienenbüttler wegen des Glocken-
geläuts beym hinfangen der Leiche einen gar unchristlichen tumult und
Lermen an. Es haben die vorigen Küster, denn etliche kaum haben
leben können, wie mir von andern berichtet worden, ihnen auffbürden
laßen, das Geläut, indem sie fingen, mit zu verrichten, welches, als eine
unbillige Sache, der H. Superint. auff der Visitation Anno 1688. beur-
theilet, sagend, man müße die Leute mit Güte dahin bewegen,
daß sie solch Geläut verrichteten, welches auch geschah, und war nun in etlichen
Jahren kein widersprechen, biß im Anfang dieses Jahres, da Heinrich Ha-
[illegible] mayd begraben ward, da hatten sich vorhero etzliche sämbtl. Bau-
Leute auff [illegible] [illegible] gegen den Küster in ihrem
[illegible] vereiniget, daß sie keinen zum Geläut wolten hin-
senden, obgleich ihre Todten ohne Geläut solten begraben werden

Auszug aus den Aufzeichnungen von Pastor Toppius

Konfirmation
1693 wurde die Konfirmation eingeführt. Danach erfüllten die Heranwachsenden *von etwa 15 Jahren und darüber, und darneben des Verstandes seyn, daß sie nicht allein die Haubtstücke Christ. Lehre, auß dem Catechismo woll gelernet, dieselben verstehen, und davon Antwort geben, sondern sich auch sonst dem Göttl. Worte gemäß prüfen können* die Voraussetzungen, vor der Gemeinde ihr Bekenntnis abzulegen. Die Konfirmation sollte im Rahmen der Spezialvisitation durch den Superintendenten aus Lüne um Ostern oder Pfingsten erfolgen. Hierzu sollten die Prediger von Bienenbüttel, Betzendorf und Embsen *einer des andern junge Beichtkinder möchte examinieren helfen.*

Schon 1690 erläuterte Pastor Toppius die Voraussetzungen sehr genau, unter denen seine jungen Gemeindemitglieder konfirmiert und somit erstmals zum Heiligen Abendmahl zugelassen wurden.

Von solchen Kindern, ehe sie Zur beicht Zum ersten mahl angenommen werden, erfordere
1. den rechten Verstand der 5 Haubtstücke des Cath. Lutheri, sonderlich des Glaubens, buße und H. Abendmals, alß woran es leyder! denen alten am meisten fehlet, item die Erkenntnüs der Sünden Wieder die H. X Gebohte, dazu müßen sie auch die neuen fragen, nebst denen Vornehmsten Sprüchen, der H. Schrifft außwendig wißen,
2. Müßen alle solche Kinder zimlich fertig lesen können,
3. Müßen sie alle das N. Testament haben, und die Haubtsprüche in Zimlicher Anzahl darinnen zu finden wißen, auch außwendig hersagen, mit Verstand.

Begräbnisse
Sehr ausführlich schildert Toppius das Begräbnis des Hauptmanns von Harling[5], der seinerzeit Besitzer des adeligen Hofes sowie der Wassermühle und des Bergkruges in Bienenbüttel war.[6]

Anno 1695. den 22 < Febr. ward der Cörper des Sehl. H. Haubtmans, Christoff Hinrich Von Harlingen in unser Kirchen beygesetzet. Alß Er starb, begehrten die Erben, daß so woll hier alß Zu Wichmannßburg 3 tage *nacheinander, alle Tage eine Stunde Von 12 biß 1 Uhr solte geleutet Werden, sie ließen sagen, es were dies stets Vor diesem üblich gewesen, davon ich aber keine Nachricht weiß. Des Abends umb 7 Uhr ward die Leiche von 10 Binenbüttelern hingetragen, und Zwar über meinen Hoff, weiln eben wegen des Donnerwetters Viel Waßers auff der Gaßen war. 10 SchuelKnaben trugen Fackeln. Wier folgeten alle in Gutschen der leiche nach, in der ersten saßen der H. Pastor Zu Wichmanßburg, Ich, und 2 der jüngsten Söhne, in der anderen Gutsche die beyden Hh. Söhne, nemlich der h. Haubtman Friedrich Von Harling und der Churfürstl. Hannöverische HoffJunker, Otto Jürgen Von Harling nebst dem Junckern Von Bahrumb, H. Von Medingen, und dem H. Land Raht Von Barnsted, Junckern Otto Von Estorff. Unterwegens ward nicht gesungen, in der Kirchen aber wurden etliche Todten Gesenge und die Collecte Gesungen.*

Es war seinerzeit durchaus üblich, dass Würdenträger und ihre Angehörigen in einem Familiengrab in der Kirche gegen entsprechende Gebühr beigesetzt wurden.

Das Gewoelbe ist nicht groß und können nur 2 Särge neben einander darinnen stehen, darumb sie auß noht einen Sarg hatten Zerschlagen müßen, darinne der Cörper der ersten Erliebsten des Sehl. H. Haubtmans war Vor 35 Jahren geleget. Der ander Sarg blieb alleine gantz, darein die 2te Frau Vor 19 Jahren geleget worden. Sie legten auch einen großen Leichstein über den Eingang des Grabes.

Die beiden Ehefrauen waren Anna von Frese, die 1660 begraben wurde und Martha Christine von Wangenheim, die 1676 starb.

Trauerzeit

Verstarb ein Ehepartner frühzeitig, so wurde zur Versorgung der Familie und Bewirtschaftung eines Hofes sehr schnell wieder eine neue Bindung eingegangen. Doch auch hier waren Fristen einzuhalten. So wies der Generalsuperintendent in Celle 1712 darauf hin, dass ein Witwer nicht vor Ablauf eines halben Jahres eine neue Ehe eingehen sollte. Frauen hatten in der Regel ein ganzes Jahr Trauerzeit einzuhalten, mindestens aber 40 Wochen. In Ausnahmefällen war natürlich eine Genehmigung einzuholen.

Instandhaltung der Gebäude und Einrichtungen
Die Kirchengebäude befanden sich vor 300 Jahren und fünf Jahrzehnte nach Ende des 30-jährigen Krieges wohl überwiegend in einem schlechten baulichen Zustand. Dies machte auch 1693 der Fürstlichen Regierung in Celle Sorgen.

Wier haben einige jahre hero Verschiedentlich wahrnehmen müßen, daß die mehresten Kirchen, sambt ihren Thürmen und Gebäuden hiesigen Fürstenthumbs und Landen wo nicht gar baufellig, dennoch ein und anderer reparation benöthiget seyen. Pastoren wie Kirchenjuraten sollten *auff die Kirchen und dero Gebäude fleißige Auffsicht tragen, was schadhafft in Zeiten repariret, und also die sonst darauff erfolgende gäntzliche ruin in Zeiten abgekehret werde.*

Auch sollten *allemahl jedes ohrtes solche Leute Zu Kirchenjuraten genommen und bestellet werden, welche des Bawwesens einiger maßen kündig, und gute Haußhälter seyn, mit der ernstlichen und außdrücklichen Verwarnung, daß im fall durch ihre Versäumnis, und, daß der ... Schade in Zeiten nicht gebeßert, hinkünfftig eine ruin der Kirchen, und deren Gebäude sich Zu tragen solte, solches Von Ihnen, oder dem jenigen bey dem es auff etwanige geschehehner Erinnerung gehafftet, gefordert Werden solle.*

Kirche
Um 1694 wurde das sehr marode Kirchendach vollständig renoviert, Balken ausgewechselt und südwärts (das Kirchenschiff stand zu dieser Zeit noch in Ost-West-Richtung)[7] mit 3.500 neuen Dachpfannen gedeckt. *Unß ward Freyheit gegeben, zu Grönhagen Von der Zerfallenen Kirche den Kalk Zu Samlen, der auff unser Kirchhofe alhier gebrand ward, wier bekamen auch eine gute Anzahl Mauersteine Von denen, also daß die Kirche unterm Tache gantz Zugebauet wurde, auch kamen an dem Chor wege 2 Pfeiler Von Mauersteinen ...*

Das Kloster St. Michaelis hatte also genehmigt, für die Kirchenreparatur altes Baumaterial aus der Kirchenruine in Grünhagen zu nutzen. Beim Kirchturm lohnte sich eine Instandsetzung nicht mehr und so wurde er 1701 völlig abgetragen, neu gegründet und starkwandig wieder aufgemauert und verankert. Dieser war allerdings nicht mehr so hoch wie der vorherige Turm. 1707 sammelte man *in das Becken* für die Reparatur des Pfarrhauses in Reinstorf im Landkreis Lüneburg und für neue Fenster der Pfarrwitwenhäuser in Betzendorf und Embsen.

Kirchenuhr

Im Sommer 1696 reparierte der Uhrmacher Rosenthal aus Uelzen die Kirchenuhr und erhielt dafür acht Taler. Man schloss einen Wartungsvertrag ab. Er sollte künftig jährlich um Michaelis die Uhr inspizieren und dafür jeweils einen Taler erhalten.

Kirchenstände

Im Frühjahr 1693 wies ein fürstliches Schreiben darauf hin, dass Kirchenstände gemäß der Kirchenordnung nach dem Ableben des Inhabers innerhalb von vier Wochen von den Nachfahren wieder neu zu kaufen seien. 1708 hatte von Harling im Kirchturm *3 Stände gekaufft, darin 9 Personen sitzen können, und der Kirchen dafür 6 Thlr. geZahlet, wie in der Einnahme stehet, sich auch verpflichtet, daß künfftig ... solche 9 Stände gleich anderen mit 1 ½ Thlr. wiederumb lösen solten.*

Pfarr- und Pfarrwitwenhaus

1682, zwei Jahre nach seinem Amtsantritt ließ Toppius sein *Zerfallenes altes Wohnhauß renoviren, und weil nur eine eintzige SchlaffCammer darin, vier neue Cammer daran bauen laßen ... und einen neuen starcken Kornboden darüber Verfertigen, weil der alte nicht Viel mehr tragen wolte.*

1706 wurde das Pfarrwitwenhaus neu gegründet und ein Keller gegraben. Hierzu hatten die Höfe jeder ein Fuder Steine heranzuschaffen. Die Tannendielen dazu lagerten schon jahrelang in der Pfarrscheune. Das Witwenhaus erhielt 1710 eine weitere Kammer, *damit künfftig eine Wittwe nach Gottes Willen ihre mobilien desto bequemlicher darinnen logiren möchte.* Toppius dachte hier wohl an seine eigene Frau, doch diese starb bereits vier Jahre später.

Küsterei
Im Frühjahr 1708 wird *die helffte der hiesigen Küsterey von grund auff neu erbauet.* Zur vorhandenen Stube und Kammer wurde eine weitere Stube angebaut.

Schornsteine
Das Pfarrhaus und auch das Pfarrwitwenhaus waren bereits mit Schornsteinen nachgerüstet. Eine Neuerung, die man zu Zeiten der üblichen Rauchhäuser, in denen der Rauch einfach über die offenen Giebel abzog, wohl zu schätzen wusste. Hierfür wurde das bei der Kirchenrenovierung 1694 übrig gebliebene Baumaterial verwendet.

... und weiln noch Steine und Kalk übrig waren, ließ ich im Witwenhause einen Feuerherd oder Camin Verfertigen und 2 fächer in der Stuben Zumauern, umb das Holtz Zum Einhitzen ins künfftige Zu menagiren, die beyden Feuer Heerde im PfarrHause ließe ich auch renoviren, und die Wände umbs Pfarrhauß mit Kalk außstreichen.

Feuerschutz
1696 ließ die Fürstliche Regierung einen Erlass von der Kanzel ablesen, demzufolge Feuerlöschgeräte angeschafft und auch entsprechend unterhalten werden sollten. Auch die Finanzierung war geregelt. Vor jeder Trauung hatten die Pastoren jedem Voll- und Halbhöfner sechs Mariengroschen, jedem Kötner und Brinksitzer, der heiratete, drei Mariengroschen abzuverlangen. Erst nach der Bezahlung durfte die Trauung vollzogen werden. Von diesen Einnahmen sollten *Leitern, Hacken und Eymer angeschaffet werden, und Zwar auf folgende art, daß, nebst jenigen, was Vors erste in einem jeden Dorff dazu etwa Zusammen gebracht werden kan ...*

Brände
Eine Feuersbrunst wütete in Wathlingen im Landkreis Celle. Am 25. Mai 1695 standen 41 Wohnhäuser in Flammen, darunter das Pfarrgebäude des Pastors Michael Zimmermann. Er war innerhalb der letzten vier Jahre nach

den Pfarrern in Wustrow und Hänigsen der dritte Prediger, der abgebrannt war. Die Pastoren gaben jeder einen Taler zum Wiederaufbau.

Zwei Tage später brannten kurz vor Sonnenuntergang in Beverbeck die Wohnhäuser der Hauswirte Buchholz, bei dem das Feuer ausbrach, sowie Meier und Ster ab. 13 weitere Wirtschaftsgebäude fielen den Flammen zum Opfer. Das Vieh blieb verschont. Alle drei Wohnhäuser waren noch vor der Ernte wieder aufgebaut. Die Fürstliche Regierung stellte einen „Brandbrief“ aus und Schulmeister Hinrich Ehrlich konnte über 70 Taler für den Wiederaufbau sammeln.

Auch die Stadt Rethem brannte fast völlig ab. 114 Wohnhäuser fielen in Schutt und Asche. Für den Wiederaufbau spendeten die Einwohner des Kirchspiels Bienenbüttel 30 Taler und 18 Gute Groschen.

Unwetter

Am Sonnabend, den 8. Dezember 1703 fegte ein gewaltiger Orkan über England, Holland, Frankreich, Dänemark und Norddeutschland hinweg.

Dieser Sturm hat nun aller orten großen Schaden gethan. Allein auß Engelland ward berichtet, daß ungerechnet alles anderen Schadens und Verderbens der Kirchen, Palläste, Häuser und Schiffe, 13 große KriegesSchiffe untergangen, und 1320 Matrosen, oder Boßknechte versoffen weren. In Lüneburg ist die hohe Spitze oder Kirchthurm Zu S. Lamberti biß auffs Mauerwerck, gantz herunter geworffen, jedoch Gott lob! Kein Mensch dadurch beschädiget Worden. Mein Spieker, so ernstlich Vorm jahr repariret, ward fast an die helffte abgedecket. Die DachHengel meines Wohnhauses, nebst dem obertheil des Dachs wurden auff einmahl vom Hause hinweg geworffen, und Weil alle Sparren und Balcken des Hauses augen sahen, indem solches gantz bloß stehet, und keine Schutz von Bäumen hat,... demühtigen Wier uns.

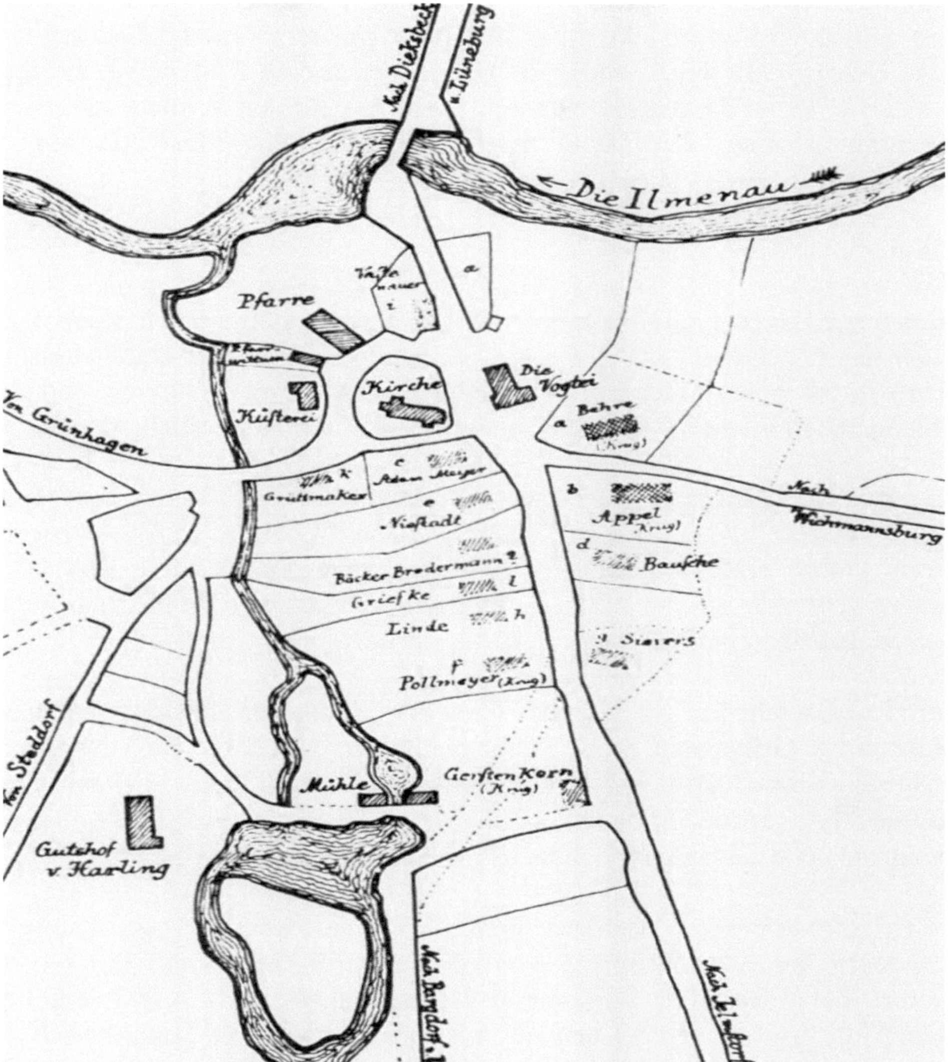

Bienenbüttel zu Zeiten des Pastor Toppius.
Kreisarchiv Uelzen, Nachlass Adolf Bätge
Ortsplan, D1-III Nr. 12

Auch das gegenüberliegende Vogteigebäude wurde vom Orkan beidseitig fast vollständig abgedeckt. Man ließ zwar mehrere tausend Dachpfannen von Uelzen anliefern. Trotzdem musste der größte Teil der Dachfläche wieder in Stroh eingedeckt werden. Dank des milden Winters gingen die Reparaturarbeiten aber zügig voran und auch das Pfarrhaus war bis Weihnachten wieder instand gesetzt.

Unglücke

Am 21. Januar 1697 ertrank Jacob Meier aus Beverbeck in den eisigen Fluten der Elbe. Er hatte zusammen mit Bäcker Brodermann ein Fuder Mehl nach Hamburg gebracht. Auf dem Rückweg war er in der Dunkelheit und ohne ortskundige Führung vom gekennzeichneten Fahrweg auf der zugefrorenen Elbe abgekommen, eingebrochen und jämmerlich ertrunken.[8]

Der Kirchturmbau in Bienenbüttel forderte am 1. Mai 1702 ein Todesopfer. Hanß Peter Dithmer, Sohn des Hauswirts Hanß Dithmer in Eitzen I wurde beim Fällen eines Baumes in der Wichmannsdorfer Forst von einem herabstürzenden Ast getroffen, *dadurch die Hirnschalen gantz Zerknirschet wurde*. Nachts um ein Uhr starb der 42-jährige an den Unfallfolgen.

Im gleichen Jahr traf das Unglück nach der Ernte auch Hinrich Jungemann, Hauswirt in Grünewald. Seine Söhne beklagten, dass er die Einnahmen vom ausgedroschenen Korn erst im Junkernkrug, dann auf dem Michaelismarkt in Lüneburg vertrunken hatte. Dort fiel er nachts in einen offenen Kelter und brach sich einen Lendenknochen. Er blieb zeitlebens ein Krüppel.

1703 starb Tewes Meier aus dem Kirchspiel Reinstorf im Landkreis Lüneburg auf dem Heimweg vom Gottesdienst. Man fand ihn tot, das Genick gebrochen, den Hals voll Blut. Dieser hatte 1681 seinen Vater auf dem Hof in Hohenbostel schwer misshandelt und war kurz danach mit allem, was er fortschaffen konnte, ins andere Kirchspiel gezogen. Der 80-jährige Vater starb bald darauf und der Hof in Hohenbostel blieb unbewirtschaftet (wüst), bis Jacob Ziegel ihn übernahm.

Zu Beginn der Ernte im Jahr 1704 war es sehr heiß. Jürgen Buchholtz, gebürtig aus Beverbeck, später Hauswirt in Golste, starb auf dem Felde. Er lag mit seinem Vater und den Brüdern im Streit und hatte den Hof nach dem Brand in Beverbeck verlassen.

Hinrich Kahtman, der Schwiegersohn von Hinrich Jungemann in Grünewald, nahm sich am 27. März 1705 selbst das Leben. Er hatte sich in Wriedel *in einem kleinen Wäßerlein freywillig bey Tage, Zu Tode gebrecht, da er nur den bloßen Kopf ins Waßer gestecket hatte. Er war Zur Melancholey sehr geneiget* und wurde dort ohne Sang und Klang begraben. Die Grabstelle kostete 2 Taler.

Aus Polen kam 1708 die Nachricht, dass Peter Linde, ältester Sohn des Kirchenjuraten Hanß Linde aus Bienenbüttel, gestorben war. Er diente den Schweden als Soldat. Bei seinem Begräbnis in Polen war die ganze Kompanie angetreten.

Pest

Mitte Juli 1713 brach in Bienenbüttel die Pest aus[9]. Der Ort wurde daraufhin von Soldaten hermetisch abgeriegelt und unter Quarantäne gestellt. In den folgenden Wochen und Monaten starben 46 Einwohner, etwa ein Drittel der Bevölkerung. Die Seuche wurde vermutlich durch drei *Moskowitische* Offiziere in den Ort getragen, die im Bergkrug auf der Durchreise Quartier genommen hatten. Ein Teil der Toten begrub man auf dem sogenannten Pestberg.[10]

Steuern

Üblich waren zu dieser Zeit noch allgemein die sogenannten Rauchhäuser ohne festen Schornstein. Das Pfarrhaus aber war seinerzeit schon mit einem Rauchfang ausgerüstet.

1687 verlangte die Fürstliche Regierung in Celle eine Aufstellung bezüglich der *Von denen Prediger= und anderen KirchenHäusern auffzubringende Schornstein oder Rauchfangs Steuer*. Diese Abgabe war zur Hälfte von den Predigern und zur anderen Hälfte von der Kirchengemeinde aufzubringen.

Im Februar 1701 waren alle Geistlichen, Kirchen- und Schulbediensteten zur Kopfsteuer veranlagt worden. Der Pastor sollte zwei Taler, der Küster einen Taler und die beiden Schullehrer in Beverbeck und Grünhagen ebenfalls je einen Taler entrichten. *Weil es für diese beyden letzten Zuviel ist, hoffe, daß sie Leichterung erlangen werden.*

Hofübergaben

Bei Übernahme eines Hofes hatte der Nachfolger eine Annahmegebühr, die sogenannte Vorhauer an den Gutsherrn, in diesem Falle die Pfarre in Bienenbüttel, zu entrichten.

Hans Meier heiratete Hanß Eichenbergs Tochter aus Wichmannsburg und übernahm im Oktober 1687 den Hof von Joachim Eichenberg in Bargdorf. Fünf Taler Annahmegeld waren zu entrichten. Seit 1680 hatten ebenfalls Peter Vastenauer, Hinrich Bammann und Simon Müller in Bienenbüttel die Wirtschaft der Pfarrhöfe übernommen.

Im Januar 1705 wurde Johann Christian Schönebeck als Gastgeber in Bienenbüttel neuer Hofbesitzer. Einen Monat später zahlte Ernst Hinrich Meier, der die Kote von seinem Vater Adam Meier übernommen hatte, 2 ½ Taler Vorhauer. Auch in Ellringen bei Dahlenburg besaß die hiesige Pfarre einen Hof. Hierfür zahlte Lenerdt Gerstenkorn im März 1706 die Annahmegebühr.

1711 heiratete Hanß Hinrich Meier aus Bargdorf Peter Jürgen Clements Tochter und übernahm von seinem Vater Hanß den Hof. Er erkrankte aber bald nach der Hochzeit an Schwindsucht und starb. Den Hof bewirtschaftete sein Schwager weiter, der Schäfer Johann Hinrich Meier.

Amtsvogtei

1683 übernahm Jürgen Dietrich Rose als Nachfolger von Amtsvogt Bolte die Verwaltungsgeschäfte auf der Vogtei in Bienenbüttel. Aber seine Amtszeit währte nicht lange und er wurde *Vom Dienste abgesetzet, wegen seines üblen Haußhaltens, indem er über 600 Thlr. herrengelder herdurch gebracht, auch andere große Schulden gemacht. Deswegen Ihm denn auch alles Seinige weggenommen ward, diese Absetzung geschah auff Michaelis Anno 1685.*

Mit diesem Amtsvogt hatte Toppius *nicht geringe Wiederwertigkeit gehabt.* Er nennt ihn einen *rechten Atheisten und boßhaftigen Menschen.* Der Streit ging schließlich soweit, dass der Amtsvogt ihn *Zum duell auff dem Kirchhofe außfordern* ließ, *welche Narrheit ich aber Verlachte.*

Schießfest
Am dritten Pfingsttag 1693 veranstalteten die Bienenbütteler und Hohenbosteler ihr Scheibenschießen. Veranstaltungsort war Griffs Hof in Bienenbüttel, der diesmal ihr Schaffer war. Diese waren wohl mit den heutigen Adjutanten vergleichbar und für die Durchführung der Feste persönlich verantwortlich.

Küster und Lehrer
Am 19. März 1686 wurde Johann Christoph Sievers als Küster in Bienenbüttel eingeführt. Sein Vorgänger Peter Hestermann hatte *an seinem Gesicht Mangel bekommen* und musste deshalb sein Amt aufgeben.

Im März 1693 starb Küster Sievers und schon am 4. April wurde der neue Küster und Schulmeister Nicolaus Herman angestellt. Dieser, Sohn des Küsters in Embsen, war zuvor Lehrer in Melbeck gewesen.

1701 traf den Schulmeister Statz Bergmann aus Beverbeck ein Mißgeschick. Er wurde in Lüneburg vor dem Sülztor von den Soldaten des Hauptmanns von Reden kurzerhand zwangsrekrutiert. Sechs Wochen dauerte es, bis man ihn mit Mühe wieder ausgelöst und zu Hause hatte. Zum Abschied ließen ihn die Soldaten mit viel Hohn und Spott auch noch auf einem Esel reiten.

Aber vielleicht hätte man ihn doch beim Militär lassen sollen. Zwar gab sein Unterricht kein Anlass zur Klage, doch seine Charakterschwäche trat immer mehr hervor. *Er begab sich aber je lenger je mehr zur Trunckenheit, Charten=, und Würffel=Spielen, auch Zum Tobackschmauchen, so gar, daß er keine Sontag konte auß dem Kruge oder Brauhauß bleiben, daZu denn gemeiniglich der folgende Montag, nebst dem Dienstage auch mußte von Ihm Zu solcher sündlichen Wollust Zugebracht werden.*

Den Schülern mag der ständige Unterrichtsausfall wohl gefallen haben. Auf die Dauer aber waren derartige Zustände natürlich nicht haltbar und der Lehrer musste 1706 seinen Abschied nehmen. Sein Nachfolger wurde Andreas Blancken, zuvor Schullehrer in Oerzen im Kirchspiel Betzendorf.

Die Besoldung der Lehrer war zu dieser Zeit überaus kärglich. Und so übten sie in der Regel neben ihrem Beruf noch ein Handwerk aus. Hierzu verfügte man 1692 seitens der Regierung, *daß das Handwerck, welches solche Cüsterer treiben, Von keinem sonderbahren Geräusche oder Getöse, auch sonsten so beschaffen sey, daß dadurch die Kinder an ihren information nicht behindert werden.*

Schulstreik

Zwar wurde die Dannenbergische Schulordnung 1687 durch Herzog Georg Wilhelm bestätigt und fünf Jahre später auch im Fürstentum Lüneburg gültig. Doch der Schulbesuch ließ allgemein weiterhin sehr zu wünschen übrig, sodass sich die Regierung in Celle 1694 genötigt sah, noch einmal auf die erlassene Schulordnung nachdrücklich hinzuweisen *und ernster Erinnerung an die Küster und Schuelmeister, die Jugend mit allem fleiß Zu unterrichten, und treuer Anmahnung der Eltern, daß sie ihre Kinder fleißig Zur Schuelen schicken, und selbst durch fleißige besuchung der Catechismus lehre, denselben mit guten Exempeln VorZugehen ...*

Aber gerade an diesem guten Beispiel haperte es zwei Jahre vorher doch erheblich. Die Bewohner beschwerten sich über das nach der Fürstlichen Verordnung zu entrichtende Schulgeld und wollten nach alter Weise das bisherige Wochengeld zahlen. Die Verordnung wurde einfach zerrissen, die meisten schickten ihre Kinder nicht mehr in die Schule und keiner entrichtete dem Küster das fällige Schulgeld. Daraufhin wurde vom Amt Winsen das Schulgeld, ½ Taler pro Schulkind, eingefordert. Aber Tile Niested, der Schmied, Adam Meier und Christoff Griff weigerten sich beharrlich, zu zahlen. Zunächst wurden Kessel und Grapen gepfändet, aber sie blieben unbeugsam. Griff und Adam Meier wurden schließlich nach Winsen gebracht und zwei Tage in Beugehaft genommen. Doch Griff meinte nur, *...wenn sie ihn schon zu Winsen im loche stecketen, müßten sie Ihn doch wieder lauffen laßen, den Kopf könnten sie Ihm nicht nehmen.*

Seit seiner Amtseinführung 1680 schrieb Pastor Toppius über vierzig Jahre lang die Ereignisse in seinem Pfarrtagebuch nieder. Seine Aufzeichnungen enden in Februar 1724. Drei Jahre später starb er im Alter von 77 Jahren und wurde in der Bienenbütteler Kirche beigesetzt. Seine Grabplatte steht heute an der östlichen Außenwand des Kirchenschiffs, vom „Kirchenkreisel" aus deutlich zu erkennen.

---

[1] Behnke, Eberhard: Philipp Julius Toppius (1649-1727), in: Der Heidewanderer, Jg. 1999

[2] Pfarrarchiv Bienenbüttel, HS 1

[3] Der Heidewanderer, Jahrgang 1922, Nr. 12 und Nr. 13

[4] Die gesamten Aufzeichnungen sind vom Historiker Dr. Ulf Wendler bearbeitet und wissenschaftlich ausgewertet worden. Diese Arbeit wird voraussichtlich im Rahmen der UELZENER BEITRÄGE, einer Veröffentlichungsreihe des Museums- und Heimatvereins Uelzen, herausgegeben werden.

[5] Behnke, Eberhard und Porth, Heinrich: Die Familien und Einwohner des Kirchspiels Bienenbüttel; Uelzen 2011

[6] Heute Gasthaus „Zur Wassermühle".

[7] Der alte Kirchenbau ist in diesem Spurenband abgebildet im Beitrag von Klaus Wedekind – Mit Stift und Feder

[8] Behnke, Eberhard: Auf dem Eis über die Elbe, in: Altmark-Blätter, Jg. 1994, Nr. 5

[9] Wendler, Ulf: Nicht nur Pest und Pocken. Zur Bevölkerungsgeschichte der Lüneburger Heide, des Wendlandes und der Marschen des Fürstentums Lüneburg 1550-1850; Hannover 2008

[10] Koptik, Walter: Gemeindechronik Bienenbüttel, S. 108-112

Frieda Harms **Eberhard Behnke**

Vorwort

Seit 2015 gibt es im neuen Baugebiet in Rieste, das an die Straße „Grüner Weg“ angrenzt, einen „Frieda-Harms-Weg“, in dem heute neben schmucken Wohnhäusern auch das neue Feuerwehrhaus des Ortes seinen Platz gefunden hat. Nachdem sich die Dorfbevölkerung schon 2013 ihre Gedanken zur Namensgebung der neuen Straße gemacht hatte, wurde zusätzlich der Arbeitskreis Geschichte seitens der Verwaltung gebeten, weitere Vorschläge, möglichst mit historischem Bezug, zu unterbreiten.

Der Arbeitskreis Geschichte einigte sich nach intensiven Überlegungen einstimmig darauf, der Verwaltung den Straßennamen „Frieda-Harms-Weg“ vorzuschlagen.[1]

Mit der folgenden Kurzbiografie soll hiermit den Bürgern der Einheitsgemeinde und insbesondere den Riestern das Leben und Wirken dieser Frau ins Gedächtnis gerufen werden.[2]

Geboren wurde Frieda Kruse am 4. März 1889 auf dem Hof Nr. 1 in Grünewald als älteste Tochter des Hofbesitzers Heinrich Kruse und dessen Ehefrau Katharine Dorothea Elisabeth, geborene Steckelberg aus Nassennottorf.[3] Das beschauliche Dörfchen gehörte zur Gemeinde Beverbeck und hatte seinerzeit etwa 20 Einwohner und vier Wohnhäuser. Die Kaiserliche Post und die Gendarmeriestation waren in Bienenbüttel, wo Frieda Kruse später auch konfirmiert wurde.

Jugendzeit

Zusammen mit ihren jüngeren Geschwistern Hermann, Wilhelm und Alma verlebte sie unbeschwerte Kinderjahre auf dem väterlichen Hof. Als Sechsjährige besuchte sie dann die einklassige Volksschule in Beverbeck, wo sie gemeinsam mit den Kindern aus Eitzen I, Rieste und natürlich Beverbeck unterrichtet wurde. Sie war eine aufmerksame Schülerin, so dass

Lehrer Benecke ihr in Betragen, Fleiß und Fortschritte 1903 ein „Sehr gut" ins Zeugnisheft schreiben konnte. Die Schulaufsicht unterstand seinerzeit noch der Kirche. Und so besuchte auch Pastor Haentzsche aus Bienenbüttel als Lokal-Schulinspektor des Öfteren den Unterricht. Seine Frau Henny kam regelmäßig mit und zeigte auch großes Interesse am Unterrichtsstoff, was allerdings wenig Freude bei den Lehrern und Schülern hervorrief.

Das Geburtshaus von Frieda Harms, geb. Kruse in Grünewald

Wer könnte ihre Jugendzeit besser beschreiben als Frieda Harms geb. Kruse selber. Sie war schon seit der Schulzeit mit Mia Meyer (1894-1962), der aus Beverbeck gebürtigen bekannten Heimatdichterin[4], befreundet und hat das, war ihr aus der Jugendzeit wichtig und in Erinnerung war, anlässlich des 25-jährigen Bestehens des Landfrauenvereins Bienenbüttel zusammengestellt und vorgetragen:

Wir verlebten eine schöne gemeinsame Kinder- und Jugendzeit. Unsere Eltern waren befreundet und unsere halbe Schulzeit, vier Jahre, gingen wir gemeinsam in unsere Zwergschule. Wir verlebten eine unbeschwerte Jugend ohne Ziel in unserer schönen Landschaft, ohne Umweltverschmutzung. Daß die nicht aufkam, dafür sorgte unser „Verschönerungsverein", in dem sich die jungen Leute der umliegenden Dörfer zusammengeschlossen hatten. „Unser Dorf soll schöner werden" heißt es jetzt. Das hatten wir damals vor 60 Jahren schon. Also nichts Neues! Zwischen Eitzen und Beverbeck hatte unser Verein eine Freizeitanlage geschaffen, ein Erholungsgebiet, wie es schöner nicht sein konnte. Von Mia Meyers Elternhof in Beverbeck, der am „Waschbeek" liegt, wo auf der „Waschbeek" damals noch alle Wäsche und Leinen, nachdem es gekocht und gewaschen war, gespült und mit dem

Waschbrett, dem Vorläufer der Waschmaschine, trocken geklopft wurde. Im Winter wurde dazu ein Loch ins Eis gehauen! An diesem Bach hatten die jungen Leute vom Verschönerungsverein zu kleinen Inseln Brücken gebaut, mit Bänken versehen, schöne Spazierwege angelegt usw. Dieser Bruch mit dem Bach wurde dann auch „Der schöne Busch" genannt. Daneben am Weg nach Eitzen war der Fußball- und Sportplatz für den Fußballverein, der sehr bekannt war. Dr. Stölting, Amtsrichter in Medingen, spielte oft mit den jungen Leuten Fußball. In Eitzen bestand der Radfahrverein „Schmetterling", wo wir als junge Mädchen natürlich auch Mitglied waren – Kunstfahren auf dem Saale, als Ehrenjungfrauen mit geschmückten Rädern bei festlichen Gelegenheiten in Umzügen mitfahren waren Höhepunkte.
Frieda Harms hat später für 50-jährige Mitgliedschaft vom Niedersächsischen Radfahrverband die goldene Ehrennadel erhalten.

Auch die Erntefeste im Herbst und zwei Tage Faßlam im Winter mit schönen alten Tänzen waren Abwechslung für jung und alt. Und auch am „Affsekendag", dem dritten Weihnachtsfeiertag hielten die Beverbecker, obwohl per Verordnung längst abgeschafft, immer noch fest.

Es wurde schwer gearbeitet, aber die Arbeit lohnte sich ja auch zu der Zeit. Unbeschwert konnte man die Erholung genießen. Unsere Väter hatten ihren Gesangverein. Im Sommer sang man unter den Eichen, auch bei uns in Grünewald, unter Leitung unseres Lehrers Rektor Benecke die alten schönen Volks- und Vaterlandslieder. Die Frauen hatten ihren vaterländischen Frauenverein, nachher das „Deutsche Rote Kreuz". Und wir jungen Mädchen hatten noch einen Jungmädchenkreis von der Kirche aus.

Ausflugsort für Schule und Erwachsene war der Forstort Wichmannsdorf mit dem schönen Wald. Das Wasser zur Versorgung des Försters und auch das Wasser zum Waschen schöpfte man aus einem alten Brunnen, der am Weg nach Beverbeck liegt und wo das alte Wichmannsdorf früher gelegen hat. Unsere Väter hatten als Erholung auch einen Schießklub in Wichmannsdorf und natürlich ihre Jagd auf ihrem Grund und Boden.

So verlief unsere Kindheit und Jugendzeit ungetrübt, wir gehorchten unseren Eltern, wenn auch viele Wünsche manchmal unerfüllt blieben. Es heißt in einem alten Spruch – Wer nicht Gehorsam gelernt hat in der Jugend, kann auch später nicht befehlen.

Familie

Ihren späteren Ehemann Gustav Harms im zwei Kilometer entfernten Rieste kannte sie schon aus der Schulzeit. Telefon oder gar Handys gab es ja noch nicht. Und so gingen, als die Verbindung dann enger wurde, Postkarten hin und her. Diese enthielten außer der Empfängeranschrift keinen Text - oder besser gesagt, keinen sichtbaren. Denn wer die Briefmarke ablöste, der konnte dann auch in mikroskopisch kleiner Schrift Ort und Zeit der Zusammenkünfte erfahren!

Frieda und Gustav Harms
Foto: Privatarchiv Hans-Hinrich Harms

Am 11. Februar 1910 heirateten Gustav Harms und Frieda Kruse in Bienenbüttel vor Pastor Haentzsche und übernahmen auch den väterlichen Hof in Rieste Nr. 1. Doch bald brach der Erste Weltkrieg aus. Was zuversichtlich und euphorisch begonnen hatte, endete für Gustav Harms als Soldat in Frankreich in zermürbenden Grabenkriegen.

Sieben Kinder wurden den Eheleuten zwischen 1911 und 1923 geboren. Werner, der älteste Sohn, starb im Alter von zwei Jahren durch einen Unglücksfall, auch sein jüngerer Bruder Friedrich starb 1915 im Kindesalter. Ihr 1912 geborener Sohn Gerhard ist im Zweiten Weltkrieg in Russland vermisst. Kurz nach Kriegsende starb auch ihr Mann Gustav im Dezember 1946. Und so musste Frieda Harms in den Nachkriegsjahren den Hof alleine weiter führen, bevor ihr jüngster Sohn Günther aus dem Krieg zurück kehrte und diesen übernehmen konnte. Ihre eigenen Schicksalsschläge teilte sie nach Kriegsende mit nahezu fünfzig Flüchtlingen, die im Bauernhaus in Rieste einquartiert waren. Erst nach und nach normalisierte sich das Leben auch für Frieda Harms wieder.

Nach dem Kriege wollten auch die Landfrauenvereine wieder einen neuen Anfang machen und man trug Frieda Harms das Amt der Vorsitzenden an. *Ich lehnte aber ab. Mein Mann war erst gestorben, unser ältester Sohn vermißt, mein Schwiegersohn schwer verwundet. Die Scheune hatten die Engländer bei der Besetzung angesteckt. Sie lag mit allen landwirtschaftliche Geräten in Schutt und Asche, alles verbrannt! Ich hatte keinen Mut!* Aber sie wollte bei der Wiederbelebung des Vereins behilflich sein und versuchte zunächst, Mia Meyer zum Vorsitz zu bewegen. Aber diese meinte, sie wäre ja keine Bauersfrau. Worauf Frieda Harms entgegnete: *Es ist ja auch ein Landfrauenverein und kein Bauernfrauenverein!* Gemeinsam machten sie sich per Fahrrad, denn das war in diesen Nachkriegszeiten das gängige Verkehrsmittel, auf die Suche nach einer geeigneten Kandidatin. Und sie wurden in Wulfstorf fündig. Martha Jarfe entgegnete zwar *nee, nee, dor ward nix von.* Aber ihre Mutter meinte resolut: *Worum wullt Du dat denn nich, dat kannst Du doch, datt overlegg di man noch mol!* Und so führten dann Martha Jarfe als Vorsitzende – laut Frieda Harms übrigens die einzige Vorsitzende in den umliegenden Landfrauenvereinen, die die Leitung des Vereins in plattdeutscher Sprache abwickelte - und Mia Meyer als Schriftführerin sehr erfolgreich den Landfrauenverein.

Am 6. Oktober 1975 starb Frieda Harms im Alter von 86 Jahren.

Familien- und Heimatforschung

Frieda Harms gehörte der Ortsgruppe der Zentralstelle für Niedersächsische Familienkunde, später der Heimatkundlichen Arbeitsgemeinschaft in Uelzen an. Zu ihren Interessen schreibt Fritz Röver im Nachruf:

Durch ihren Mann Gustav Harms wurde ihr ein weiteres Gebiet der Geschichtsforschung, die Genealogie, erschlossen. Auf einem Hof sitzend, der schon nachweislich 1498 von derselben Familie bewirtschaftet wurde, war die Familienforschung für das Ehepaar von besonderem Reiz. Da der Hof dem Michaeliskloster in Lüneburg pflichtig gewesen war, konnte Frau Harms aus dessen Urkunde durch Quellenstudium die Geschichte durch die Jahrhunderte erforschen. Sie veröffentlichte diese Geschichte, gemeinsam mit ihrem Mann, bereits 1936 in der Zeitschrift für Niedersächsische Familienkunde. Eine Zusammenstellung der Geschlechterfolge des Harmsschen Hofes wie die ihres Heimathofes in Grünewald brachte sie im Heimatkalender für Stadt und Kreis Uelzen 1960.

In einem kleinen Dorf wie Rieste ist eine solche Familiengeschichte und Ortsgeschichte eng verbunden. So hat Frieda Harms bei ihren Forschungen entdeckt, dass Rieste bereits 1105 erstmalig urkundlich erwähnt wurde. Und auf ihre Initiative hin feierte Rieste 1955 das 850jährige Jubiläum entsprechend mit einem Festumzug und zahlreichen Aktivitäten.

4. Juni 1955: Die Historische Arbeitsgemeinschaft für Stadt und Kreis Uelzen zu Besuch bei Frieda Harms in Rieste.

Von links: Hans von der Ohe, Hermann Fischer (Bohlsen), Dr. Friedrich Carl Bath, Rudolf Kipphan, Fritz Röver, Hans Otto, Dorothea Kipphan (?) mit Kind, dahinter Alfred Keseberg und Frieda Harms.

In der Mitte: Mitglieder der Familie Harms
Von rechts: Heinrich Meyer (Natendorf), Dr. Erich Woehlkens, Ursula Woehlkens, Adolf Seeger, Frau Seeger. Foto: Dieter Boe

Der Aktenbestand dieser Forschungen wurde von mir 1994 geordnet und mit einem Findbuch versehen. Über 500 Jahre ist die Hofstelle, auch wenn heute keine Landwirtschaft mehr betrieben wird, mit der Namen Harms verbunden. Die Archivalien werden heute in einem kleinen Familienarchiv von Enkel Hans-Hinrich Harms bewahrt.

Archäologie

Zu ihrem zweiten Interessengebiet, der Archäologie, weiß Fritz Röver zu berichten:

Rieste, dem Dorf im Kreise Uelzen, wo den Bewohnern die Vorgeschichte unserer Heimat täglich vor Augen steht durch die mitten im Dorf liegenden Großsteingräber. Es war die Zeit, als in der Nachbarschaft, in Nienbüttel, Edendorf, Wessenstedt u.a. vor allem durch Meyer, Haarstorf und Schwantes aufsehenerregende Ausgrabungen gemacht waren. Hier bekam

Frau Harms den Anstoß zur Beschäftigung mit der Vorgeschichte, die dann zu einer zweiten Lebensaufgabe für die junge Bäuerin wurde. Ihrem Dorf und seiner Umgebung gab sie die Anregungen, auf alle vorgeschichtlichen Funde zu achten und hat so Generationen für die Vergangenheit interessiert und vieles bewahrt.

Frieda Harms in ihrem Privatarchiv bei einer Tasse Tee mit den archäologischen Funden.
Foto: Privatarchiv Hans-Hinrich Harms

Eine kleine urgeschichtliche Sammlung gehört zum Privatarchiv. Pascal Richter hat den Bestand katalogisiert.

1956 wurde das alte Forsthaus in Wichmannsdorf abgerissen. Frieda Harms ist es zu verdanken, dass das alte Backhaus nicht verloren ging und heute noch im Museumsdorf in Wilsede (das Landwirtschaftsmuseum Hösseringen gab ja noch nicht) zu sehen ist.

Frieda Harms war Ehrenmitglied des Museums- und Heimatvereins des Kreises Uelzen. Sie gehörte seit Anfang der 1950er Jahre dem sogenannten erweiterten Vorstand des Museumsvereins an und war 1966 maßgeblich an der Einrichtung des damaligen Heimatmuseums in der Lüneburger Straße beteiligt. Sie wurde offiziell zur „Stifterin" ernannt. Über ihr außerordentliches Engagement im Museums- und Heimatverein schreibt Fritz Röver:

Großen Verdienst hat sich Frieda Harms um das Heimatmuseum erworben, vor allem, nachdem 1945 das alte Museum im Herzogenhaus an der Pastorenstraße mit dem gesamten Inhalt verbrannt war. Ihr ist es in erster Linie zu danken, dass beim Wiederaufbau des Museums die Gebiete des bäuerlichen Hausrats und Brauchtums so umfassend wieder dargestellt werden konnten. Nicht nur aus eigenen Beständen hat sie vieles beigesteuert, sondern aus Nachbarschaft und Umgebung manche Gabe an das Museum veranlasst und vermittelt. Beim Aufbau der Ausstellungsräume – bei der Darstellung der Flachsbearbeitung vor allem – [und der ländlichen Weberei] war sie eine tätige Hilfe, die mit ihrer praktischen Kenntnis und dem volkskundlichen Wissen immer zu beraten bereit war. Das Heimatmuseum war ihr eine Herzensangelegenheit wie die Erhaltung der urgeschichtlichen Zeugen ihrer Umgebung.

.__________.

Quellen und Literatur:

Behnke, Eberhard: Frieda Harms. In: Weber, Angelika: Museums- und Heimatverein des Kreises Uelzen 1929-2009, Festschrift
Familienarchiv Harms Nr. 22/13
Nachruf von Fritz Röver in: DER HEIDEWANDERER 1975
Frieda Harms, Rieste 80 Jahre von Dr. Gerhard Osten in: DER HEIDEWANDERER 1969
Heimatkalender für Stadt und Kreis Uelzen 1960, S. 63-65
Zeitschrift für Niedersächsische Familienkunde 1936, Nr. 7, S. 147-154 (Sonderheft Uelzen)

[1] Dieter Holzenkämpfer gab im Namen des AK Geschichte folgende Begründung dazu:
I. Frieda Harms hat die noch heute bestehende „Riester Sammlung“ aufgebaut.
II. Die „Riester Sammlung“ hat für die Vor- und Frühgeschichte überregionale Bedeutung. Hierbei hat Frieda Harms im Rahmen ihrer Sammlungstätigkeit mit führenden Archäologen korrespondiert und sich mit ihnen ausgetauscht.
III. Frieda Harms ist Mitbegründerin des Landfrauenvereins gewesen.

[… und wie vorstehend deutlich wird, hat sich die Genannte auch intensiv in die Arbeit des Museums- und Heimatvereins in Uelzen eingebracht]

Dieter Holzenkämpfer wies auch auf den bestehenden „Pastor-Kayser-Weg“ hin, sodass hier mit der Personen-Straßenbenennung kein Präzedenzfall geschaffen würde. Das

Leben und Werk Pastor Kaysers ist in SPUREN 4 dieser Schriftenreihe ausführlich gewürdigt.

[2] Dieser Beitrag ist erstmalig 2009 im Jubiläumsband des Museums- und Heimatvereins des Kreises Uelzen erschienen und für die SPUREN ergänzt und aktualisiert worden.

[3] Behnke, Eberhard: Die Familien und Einwohner des Kirchspiels Bienenbüttel; Uelzen 2011

[4] Holst, Axel: Mia Meyer – Eine Heidedichterin in der Mark Brandenburg; Bienenbüttel 2016. In: Spuren 19, Schriftenreihe zur Geschichte Bienenbüttels und der Ortsteile

Damals in Gondwana... Horst Buchholz

Lassen Sie uns einen ganz tiefen Blick werfen in die Bienenbütteler Vergangenheit. Während der Heimatforscher sonst das Auge wie mit der Lupe auf die Details lenkt, nehmen wir diesmal das Fernrohr für einen ganz globalen Blick.

Die Wissenschaft der Plattentektonik zeigt uns, dass man noch nicht einmal mit der Position eines Kontinents einen unveränderten Platz unter den Füßen hat, weil die Kontinente sich auf dem Globus bewegen. So hat auch der Ort, an dem jetzt Bienenbüttel liegt, in der Vergangenheit einige Änderungen seiner geographischen Lage auf der Erde erfahren. Dabei können wir noch nicht einmal erwarten, dass er stets an der Oberfläche lag – oft genug war er im Meer versunken. So ist schon erstaunlich, dass unsere Gegend in den letzten 600 Millionen Jahren zumeist unter Wasser lag.

Man kann sich das Driften der Kontinente vorstellen wie große Eisschollen auf dem Meer, die von Strömungen bewegt aneinander stoßen, sich verkeilen oder sich voneinander weg bewegen. Nur dass das „Meer" der Plattentektonik nicht flüssig wie Wasser ist, sondern eine zähe Masse, die aus dem Erdinneren aufsteigt und auch dahin zurücksinkt und mit ihrer Bewegung die Schollen der Kontinente mit auf die Reise nimmt. Wo denn kontinentale Platten aneinander stoßen, geschieht dies zwar langsam, aber mit gewaltiger Energie.

Diese Zusammenstösse kontinentaler Platten hinterlassen ihre Spuren in Form von Gebirgen an der Kollissionsfront. Doch kaum sind die Gebirge aufgetürmt, beginnt schon deren Abtrag durch Erosion und Flüsse verteilen die Sedimente in die tiefer liegende Umgebung. Daher haben die zuerst aufgestauchten Gebirge der zeitlich früher liegenden kaledonischen oder variskischen Faltung heute eher den Charakter von Mittelgebirgen, während die Gebirge der letzten alpinen Auffaltung mehr von der ursprünglichen Höhe bewahren.

Auch in der Gegenwart geschehen diese Bewegungen der kontinentalen Blöcke mit teilweise mehreren Zentimetern pro Jahr. Das scheint auf den ersten Blick nicht viel, summiert sich aber in tausend Jahren schon zu 20 Metern, wenn es jedes Jahr nur zwei Zentimeter Bewegung sind. In einer Million Jahren sind es dann eben schon 20 Kilometer. Diese gegenwärtigen Bewegungen kann man gedanklich in die Vergangenheit rekonstruieren und so kommt man zu überraschenden Erkenntnissen, wie die Kontinente vorher verteilt waren.

Heutige und vergangene Verbreitung von Tier- und Pflanzengattungen über mehrere Kontinente (besonders zwischen Nordamerika und Europa) resultieren denn auch aus früherer Nachbarschaft dieser Lebensräume in der Vergangenheit auf Großkontinenten wie Laurussia oder Gondwana.

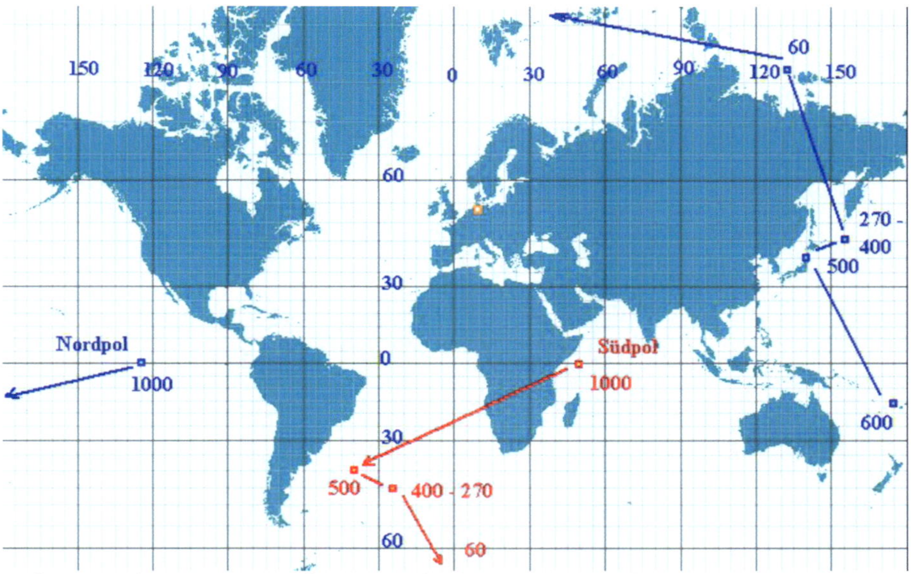

Wanderung des magnetischen Nordpoles (blau) und Südpoles (rot) im Laufe der Erdgeschichte – Zahlenangaben in Millionen Jahren – Graphik H. Buchholz

1. Kambrium (vor 570 bis 510 Millionen Jahren)

Der magnetische Nordpol – vor einer Milliarde Jahre noch an 130° West und am Äquator gelegen – war nach 170° Ost und 15 ° Nord gewandert (heute die Marshall-Inseln)[1 und 2] Diese Verschiebung der Position der Pole hatte im Laufe der Erdgeschichte dann logischerweise Auswirkungen auf die geographische Position von Bienenbüttel und durch die entsprechende Sonneneinstrahlung auf das Klima unserer Gegend.

Sauerstoff gab es nur 63 % des heutigen Anteiles an der Luft, CO_2 allerdings das zwölffache und die Temperatur lag 7 ° über dem Niveau von heute. Allerdings war die Erde buchstäblich wüst und leer, denn weder Pflanzen noch Tiere hatten das Meer verlassen. Erst mit dem Kambrium beginnt das Leben außerhalb des Meeres.

Südlich des Äquators existierte ein großer Kontinent, genannt Gondwana. In ihm waren nicht nur die Landmassen von Afrika, Südamerika, Indien, Madagaskar, Australien, Antarktika und Saudi-Arabien vereint, sondern auch Teile des späteren Europa wie Avalonia (West- und Mitteleuropa) und Armorica (West- und Südeuropa) und Teile Chinas und Koreas. Noch südlich des Äquators gab es einige kleinere Kontinente wie Laurentia (Teile von Nordamerika und Grönland), Baltica (Nordosteuropa) und Sibiria (Nordasien). Der Nordpol lag, wie die Karte zeigt, damals im Meer.[3]

Norddeutschland war ein Teil von Avalonia und lag im Kambrium deutlich südlich des Äquators. Der Name des Teilkontinents erinnert an Avalon aus der Artus-Sage.

Gondwana selbst war entstanden durch vorherige Bewegung der kontinentalen Platten, deren Rekonstruktion im Detail aber hypothetischer ist.
Südschweden, Jütland und Norddeutschland lagen unter Wassern; eine halbinselartige Küste bildetet die Linie Danzig, Rostock, Frankfurt / Oder. Im Süden begann das Land auf einer Linie Frankfurt / Main, Nürnberg und Linz.[4]

2. Ordovizium (vor 510 bis 440 Millionen Jahren)

Zu Beginn des Ordovizium brach der Mikrokontinent Avalonia vom Nordrand Gondwanas ab und driftete nach Norden. Am Ende dieser erdgeschichtlichen Periode wurde Avalonia an Baltica angedockt und bildete so einen Teil Europas. Auch das Gebiet von Norddeutschland wurde mit Avalonia von Gondwana abgetrennt und nach Norden getragen.

Grünalgen und Pilze tauchten als erste Landpflanzen auf und entzogen der Atmosphäre CO_2. Die Temperatur sank um ungefähr 5°. [5]

Die Halbinsel des Kambrium hatte sich bis nach Hamburg und Kopenhagen vorgeschoben, zwischen Saarbrücken und Würzburg bestand eine kleine Insel, doch ansonsten war Mitteleuropa und Südskandinavien bis über die Alpen hinaus vom Meer bedeckt. [4]

3. Silur (vor 440 bis 410 Millionen Jahren)

Der Nordpol war inzwischen auf 140° Ost und 40° Nord gewandert – heute ist dort die japanische Insel Honshu. Laurentia (Nordamerika) und Baltica mit dem angeschlossenen Avalonia bewegten sich schon seit dem späten Ordovizium aufeinander zu. Diese Kollision war Ursache der kaledonischen Gebirgsbildung. Die Gebirge Englands und Skandinaviens falteten sich in dieser Zeit ebenso auf wie die Apalachen in Nordamerika.

Beide Kontinente Laurentia und Baltica vereinigten sich zum Großkontinent Laurussia im Norden, während im Süden weiterhin noch das um einige „entflohene" Kontinente verkleinerte Gondwana existierte.

Erste Knochenfische erschienen in dieser Zeit und Urfarne, Flechten und Bärlapp bedeckten die Erde. Erstmals stiegen die Sauerstoffwerte auf 14 %. Die Erde war nahezu eisfrei, so dass das Meer die flacheren Teile der Kontinente überflutete. [6]

Auch unsere Gegend lag in dieser Zeit unter Wasser – die nächste Küste war eine nach Süden ragende Halbinsel auf der Linie Kopenhagen, Rostock und Sylt.[4]

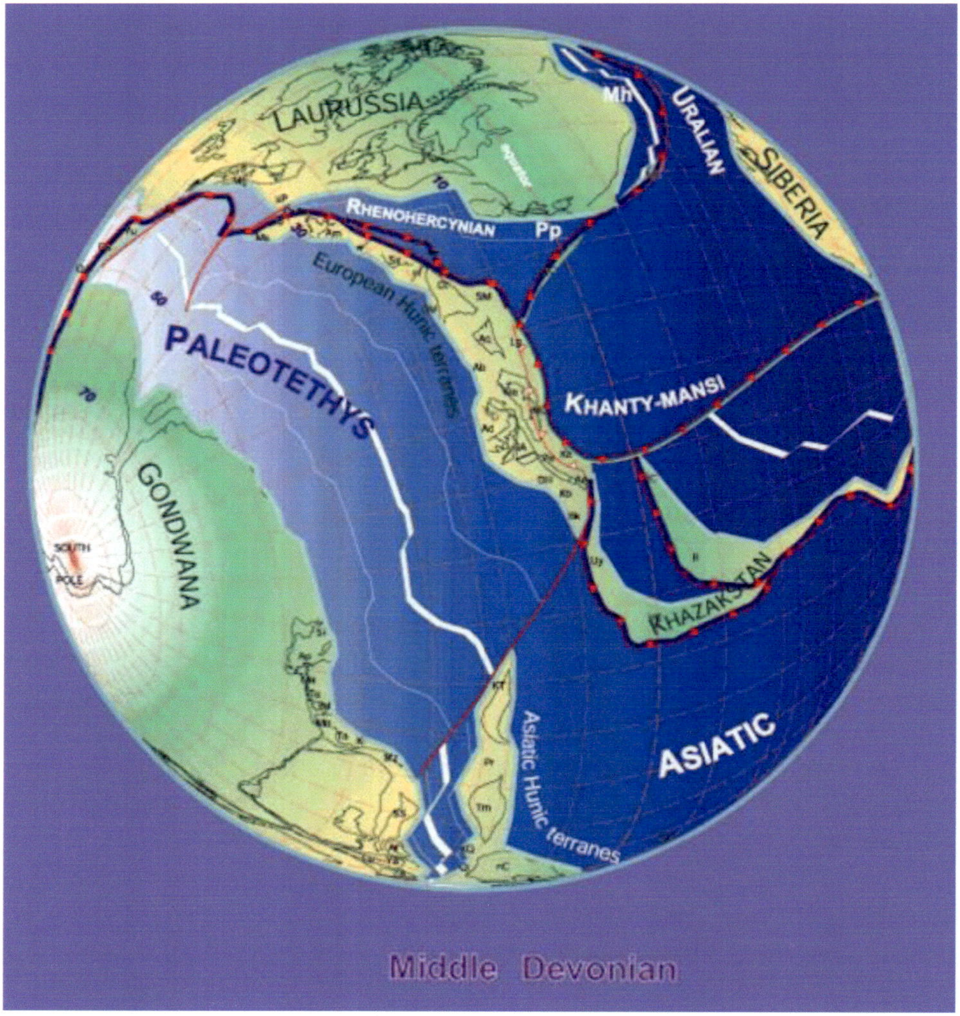

Kontinente im Devon – Quelle Stampfli und Borel, 2000, Universität Lausanne, Wikipedia Norddeutschland lag etwa bei der Zahl 10 auf dem Kontinent Laurussia

4. Devon (vor 410 bis 355 Millionen Jahren)

Langsam nähert sich der Nordpol seiner heutigen Position – in dieser Zeit befand er sich in der Nähe der Halbinsel Kamtschatka. Dort sollte er bis zur Trias-Zeit bleiben, also etwa 100 Millionen Jahre. Auf der Gegend des Südpoles lag nach wie vor der Großkontinent Gondwana.

Norddeutschland hatte noch einen langen Weg vor sich auf jetzt 53° Nord – es lag im Devon auf ungefähr 10° südlicher Breite – also in eher tropischen Gefilden. Weltweit war das Klima warm und trocken und die Temperaturunterschiede zwischen den Polen und dem Äquator geringer als heute.

Quastenflosser und Lungenfische erscheinen erstmals im Devon und gegen Ende dieser erdgeschichtlichen Periode treten die ersten Landwirbeltiere auf, noch mit amphibischer Lebensweise. Dazu erscheinen die ersten geflügelten Insekten. Da es noch keine pflanzenfressenden Tiere gab, breiteten sich Pflanzen weiträumig aus und erste Moose erschienen. In den tropischen Gebieten dieser Zeit entstanden erste Wälder – sie sind Basis der ältesten Kohlevorkommen. Diese frühen Landpflanzengruppen waren Bärlapp, Schachtelhalm und Farn. [1, 7 und 8]

Eine Linie Köln, Hannover, Breslau markierte die Südküste des Landes, auf dem Norddeutschland jetzt lag. Nach Süden hin breitete sich der Tethys-Ozean aus, zwischen Stuttgart und Saarbrücken durch eine Halbinsel gegliedert. [4]

5. Karbon (vor 355 bis 290 Millionen Jahren)

Die Großkontinente Gondwana und Laurussia näherten sich in dieser Zeit einander. Im späten Karbon stieß Nordwestafrika an Nordamerika. Auswirkung dieser Kollision ist die variskische Gebirgsbildung, zu der als nächstgelegenes Gebirge in Norddeutschland der Harz gehört. Weiterhin generierte diese Gebirgsbildung unter anderem die Ardennen, das

Rheinische Schiefergebirge, die Sudeten, das Erzgebirge, Spessart und Odenwald, Schwarzwald und Vogesen.

Der Sauerstoffanteil der Luft betrug 32,5%, also das Eineinhalbfache des heutigen Wertes. Der CO_2 Wert war doppelt so groß wie heute, die Durchschnitttemperatur auf dem heutigen Stand. Der hohe Anteil von Sauerstoff machte das Wachstum von Rieseninsekten möglich. Amphibien hatten an Land noch keine Nahrungskonkurrenten und erreichten Größen von bis zu 6 Metern.

In dieser Zeit entstanden in ausgedehnten Sümpfen die großen Vorräte von Steinkohle. Schachtelhalm und Bärlapp erreichten Höhen von 20 und 40 Metern. Ansonsten gilt das Karbon als Zeitalter der Farne. Die ersten Koniferen als Vertreter der nacktsamigen Pflanzen erscheinen in diesem Zeitalter. [9]

Der skandinavische Block bildete die Nordküste auf der Linie Rømø, Kopenhagen, Danzig, so dass unsere Gegend erneut unter Wasser lag. Eine schmale längliche mitteldeutsche Schwelle erstreckte sich als Insel von Saarbrücken über Erfurt nach Berlin und weiter im Süden mit Zürich, Nürnberg, Prag, Wien und Graz als Begrenzung lag eine größere Insel. [4]

6. Perm (vor 290 bis 250 Millionen Jahren)

Im späten Perm entstand im nördlichen Mitteleuropa das Zechsteinmeer. Zwischen Norwegen und Grönland – damals benachbart – entstand ein Grabenbruch der später zum Nordatlantik wurde. Durch ihn floss Meerwasser in das tiefer liegende „Germanische Becken“. Seine Ablagerungen bestehen zum großen Teil aus Gips und Steinsalz. Diese Ablagerungen konnten sich bilden, weil in der Region des Zechsteinbeckens ein sehr trockenes und warmes Klima herrschte. Hohe Verdunstung und die nur schmale Verbindung des Meeres zum Ozean im Norden erhöhten allmählich die Konzentration der gelösten Salze [10]. Daher ist Norddeutschland im Untergrund eines der salzreichsten Gebiete Europas und Lüneburg verdankt seinen Reichtum den Ablagerungen im Zechsteinmeer.

Der Kleinkontinent Sibiria stieß mit Laurussia zusammen, der Ural faltete sich auf. Seitdem sind Europa und Asien an dieser Naht verbunden. Gondwana und Laurasia wuchsen inzwischen zum Superkontinent Pangäa zusammen. Doch während an der einen Stelle die Teile von Pangäa noch zusammen wuchsen, trennten sich an anderer Stelle schon wieder einige Teilkontinente davon.

Norddeutschland lag in dieser Zeit in den Tropen, es wanderte während dieser Zeit von etwa 5° Süd nach 10° Nord. Unsere Gegend war Wasser, die Nordküste etwa in der Linie Mitteljütland, Südseeland und Rügen und die Südküste bei Hannover, Magdeburg und Breslau. Dieses Meer erweiterte sich dann mit der Überschwemmung Jütlands und einem weiten Einbruch nach Süden bis Mainz, Basel und Nürnberg.[4]

Zechsteinmeer in Mitteleuropa – Quelle San Jose, Drdoht at de.wikipedia

Während des Perm erschienen erste Reptilien und allererste einfache Vorläufer von Säugetieren. Die bisherigen Farne und verwandte Pflanzen wurden von den Nacktsamern abgelöst (Palmfarne, Ginkgo, Nadelholz).[11]

An der Grenze vom Perm zur Trias erfolgte das wahrscheinlich größte Massenaussterben von mehreren Tierarten im Laufe der Erdgeschichte aufgrund natürlicher Klimakatastrophen. Als Ursache vermutet man die Abgabe von Methan durch Einzeller, die innerhalb von nur 60.000 Jahren die Temperatur um 10° steigen und den Sauerstoffgehalt auf 16 % absinken ließ. [12]

7. Trias (vor 250 bis 205 Millionen Jahren)

Der Name entstand aufgrund der in Europa auffälligen Dreigliederung der geologischen Sedimente in Buntsandstein, Muschelkalk und Keuper.

Im warmen kontinentalen Klima des Pangäa-Superkontinentes lag Norddeutschland im subtropischen Wüstenbereich. Im Laufe der mittleren Trias erschienen erste Flugechsen, Dinosaurier, Fischsaurier und die Vorfahren der Krokodile. [13]

Nach wie vor lag das sogenannte Germanische Becken unter Wasser. In der Buntsandsteinzeit lag die Nordküste auf einer Linie Kopenhagen – Königsberg. Zwischen Saarbrücken und Kassel gab es eine schmale längliche Insel und zwischen Dresden, Wien und Zürich eine weitere größere Insel. Später in der Keuper-Periode drang die Nordküste bis zur Weichsel-Linie vor – unser Ort jedoch lag nach wie vor im Meer.[4]

8. Jura (vor 205 bis 135 Millionen Jahren)

Diese Zeit wird konventionell unterschieden in die Schichten Lias, Dogger und Malm. Mit 26% war der Sauerstoffgehalt der Luft 30% höher als jetzt, das CO_2 betrug das Fünffache von heute, und die Temperatur lag 2° über dem heutigen Niveau.

Der Jura ist die Blütezeit der Dinosaurier. In Münchehagen und Barkhausen wurden deren Fußspuren entdeckt. In Solhofen und Eichstätt fand man Versteinerungen des Urvogels Archaeopteryx aus dieser Zeit. Die biberartigen Castorocauda in China erscheinen als erste moderne Säugetiere. Mammutbäume und Kiefern dominieren die Flora, im Unterholz wachsen Farne und Schachtelhalme.

Pangäa zerbrach langsam wieder. Zwischen Eurasien und Nordamerika entstand der zunächst noch schmale Atlantik. Eine erste Spreizungszone entstand zwischen der Ostküste der USA und Nordwestafrika von Gibraltar bis zum Cap Verde. Vorübergehend wurde dadurch Südamerika von Nordamerika getrennt und durch das unter Wasser liegende Mittelamerika hatte der Pazifik eine Verbindung mit dem Nordatlantik. [14 und 15]

Norddeutschland in der Jura-Zeit. Gemälde von Gerhard Boeggemann, 2006, Wikipedia

Die Verteilung von Land und Meer hatte sich im Jura gewandelt. Auf einer pfannkuchenartigen Insel, der Pompekjschen Schwelle, lag unsere Gegend an der Küste. Diese Insel erstreckte sich von der Mitte der Nordsee über Kopenhagen, Rostock, Dömitz, Bremen und Emden. Neben dieser Insel ragten weitere Inseln in Mitteleuropa aus dem Meer – im Oberharz, bei Breslau, bei Prag und das von Bielefeld, Straßburg und London begrenzte London-Brabanter Massiv.

Am Ende der Jura-Zeit hatten sich diese Inseln ausgedehnt und ein Mitteldeutsches Festland gebildet. Zwischen Hamburg und Braunschweig lag jetzt ein schmaler Meeresarm mit einer Vielzahl kleiner Inseln.[4]

9. Kreide (vor 135 bis 65 Millionen Jahren)

Das Klima der Kreidezeit war allgemein warm und ausgeglichen. Nach wie vor beherrschten die Dinosaurier die Fauna. Aber erste Säugetiere etablierten sich, darunter auch baumkletternde Arten. Bemerkenswert ist der *Repenomamus giganticus* von etwa einem Meter Länge und einem Gewicht von 12 bis 14 Kilogramm, der auch kleinen Dinosaurierjungen nachstellte und sie fraß.

Erst jetzt entstanden die bedecktsamigen Pflanzen (Angiospermen), unsere heutigen Blütenpflanzen, die Gräser, Blumen, Sträucher und Bäume. Bis zum Ende der Kreidezeit hatten diese Pflanzen die Erde erobert und viele ältere Arten verdrängt oder aussterben lassen. Unter den ersten Gruppen der Angiospermen erschienen die Magnolienpflanzen, Lorbeer, Seerosen und Platanen. Am Ende dieser Zeit versuchten Ahorn, Eiche oder Walnuss sich gegen die bisherigen Nadelbäume durchzusetzen. Gras bedeckte jetzt die Erde, so dass diese weniger schnell erodieren konnte.[11 und 16]

Für die Säugetiere boten sich damit eine Fülle neuer Futterquellen – entweder durch die Pflanzen direkt oder durch die Insekten, die von den neuen Pflanzen angelockt werden. Erst seit der Kreidezeit kann man sich die Vegetation also ungefähr so vorstellen, wie wir sie heute kennen.

Australien und Antarctica – beide zuerst noch zusammenhängend – lösen sich von Gondwana. Auch Afrika und Südamerika trennen sich durch den jetzt entstehenden Südatlantik, der aber im Vergleich zum Nordatlantik noch relativ schmal war [14]. Der indische Subkontinent spaltete sich ebenfalls von Gondwana ab und driftete nach Norden wo er später mit dem asiatischem Kontinent zusammen stieß.[17]

Mitteleuropa hatte sich gehoben, trotzdem lag Jütland und Norddeutschland erneut unter Wasser. Die Küste zog sich hin östlich um Kopenhagen und Stettin und südlich von Berlin, Hannover, Osnabrück und Paris. Ein südliches Meer erstreckte sich südlich von Wien und Zürich.[4]

Mit dem Ende der Kreidezeit endet konventionell auch das mit der Trias beginnende erdgeschichtliche Mittelalter.

10. Paläogen (65 bis 23 Millionen Jahre) [18]

Die beiden folgenden Zeiten Paläogen und Neogen fasste man früher unter der Bezeichnung „Tertiär“ zusammen. Anfang des Paläogens war der Nordpol auf 76° Nord gewandert, in östlicher Länge ziemlich unverändert auf 133°. Hier finden wir heute die neusibirischen Inseln.

In der ersten Phase des Paläogens, dem Paläozän (65 bis 56 Millionen Jahre) entwickelten sich nach dem Aussterben der Dinosaurier Vögel und Säugetiere weiter. Australien und Südamerika waren noch mit Antarktika verbunden. Der alte Gondwana-Kontinent war jetzt hauptsächlich auf Afrika zusammen geschrumpft.

In der folgenden Periode des Eozän (56 bis 34 Millionen Jahre) herrschte ein warmes Klima ohne Vergletscherungen. Unpaarhufer, Fledertiere, Nagetiere und Primaten erschienen als Gruppen der Säugetiere.

Auch im Eozän lag unsere Gegend unter Wasser – allerdings relativ küstennah. Das Festland endete auf einer Linie Kopenhagen, Stettin, Berlin, Magdeburg, Hannover, Osnabrück, Wesel und Paris als erweiterte Bucht der Nordsee, so dass Niedersachsen, Schleswig-Holstein und Jütland unter Wasser lagen. In diese Zeit fällt die Entstehung der Braunkohleflöze.[4]

Im darauf folgenden Oligozän (34 bis 23 Millionen Jahre) öffnete sich der Meeresarm zwischen der Antarktis und Südamerika und Australien. Ein zirkumpolarer Meeresstrom umfloss jetzt die Antarktis im Uhrzeigersinn und isolierte sie von den warmen Meeresströmungen. Es bildete sich Eis, die Temperaturen sanken weltweit um ungefähr 5° und der Meeresspiegel sank zunächst um 30 Meter. Später kühlte sich das Klima weiter ab mit einer Senkung des Meeresspiegels um 150 Meter durch das in Eis gebundene Wasser der Antarktis.

In das Oligozän fällt auch der Zusammenstoß von Afrika mit Europa und die Auffaltung der Alpen.

Im Oligozän lag Bienenbüttel auf dem Grund einer erweiterten Nordsee mit ungefährer Küstenlinie Göteborg, Fünen und Rostock im Norden und Köln, Erfurt, Dresden und Breslau im Süden.[4]

11. Neogen (23 bis 2,6 Millionen Jahre) [19]

In der ersten Phase, dem Miozän (23 bis 5,3 Millionen Jahre) trifft die Indische Platte auf Asien und faltet das Himalaya-Gebirge auf. Durch den Druck der afrikanischen Platte auf Europa werden die Alpen, die Karpaten und das Zagros Gebirge weiter erhöht. In den Sedimentgesteinen dieser Periode speichern sich Erdöl und Erdgas mit gewissen Vorkommen auch in Norddeutschland.

Auch in dieser Zeit haben wir uns unsere Gegend als an der Küste oder unter Wasser liegend zu denken. Die See bildete eine große Bucht, begrenzt von der Linie Skagen, Rostock, Schnakenburg bis Bremerhaven. Die Halbinsel Jütland, Fünen, Schleswig-Holstein und das Gebiet der Niederelbe lagen im Meer.[4]

Während des folgenden Pliozän (5,3 bis 2,6 Millionen Jahre) ist die alpine Gebirgsbildung nahezu beendet, nur geringe weitere Erhebungen finden bis in die Gegenwart statt. Südamerika ist inzwischen Nordamerika so weit nahe gekommen, dass sich eine Landbrücke bilden kann, die den Pazifik vom Atlantik trennt. Dies hat entscheidende Auswirkungen auf die Meeresströmungen, so dass sich damals auch in der Arktis Eis bildete. Die Eiszeiten der Nordhalbkugel der Erde im Quartär sind Auswirkungen dieser Änderung. [20]

12. Quartär (2,6 Millionen Jahre bis Gegenwart)

12 a - Pleistozän / Die Eiszeiten

Zeiten, in denen ein Pol oder in denen beide Pole der Erde vereist waren, gab es auch in der früheren Erdgeschichte, so im Ordovizium und Silur oder in der Zeit von Karbon und Perm. Seit der Isolation der Antarktis und deren Vereisung vor etwa 30 Millionen Jahren und der Vereisung der Arktis am Beginn des Quartärs wechseln sich allerdings längere Kältezeiten mit nur kürzeren Erwärmungen miteinander ab. Bis vor 700.000 Jahren lag die Dauer von Warmzeit zu Warmzeit bei 40.000 Jahren, seitdem änderte sich diese Periode aus noch nicht geklärten Gründen auf etwas mehr als 100.000 Jahre. [20]

Besser erforscht als die Eisphasen davor sind die letzten drei Eisvorstöße in Norddeutschland, die Elster-Vereisung (vor 400.000 bis 320.000 Jahren), die Saale-Vereisung (vor 300.000 bis 130.000 Jahren) und zuletzt die Weichsel-Vereisung (vor 115.000 bis 12.000 Jahren). Sowohl in der Elster- als auch in der Saale-Zeit lag unser Ort unter Eis begraben. Doch auch in der Weichsel-Zeit war Bienenbüttel kein gemütlicher Platz, nur 100 Kilometer vom Eisrand entfernt.

Nach der Elster-Vereisung brachte die Holstein-Warmzeit von etwa 20.000 Jahren Dauer die Nadelwälder mit Fichte und Tanne zurück, sogar Buchsbaum und Wein konnten hier zeitweise wachsen.

Auch während der folgenden Saale-Vereisung gab es zwischenzeitlich wärmere Perioden wie die Dömitz-Warmzeit mit Eichenmischwald, Hasel und Hainbuche. Nach dem weitesten Vorstoß des Eises im Drenthe-Stadium (gelbe Linie auf der Graphik) endete der spätere Warthe-Eisvorstoß der Saale-Vereisung schon in Nordostniedersachsen und überzog Teile der Lüneburger Heide, der Altmark und dem Elbtal folgend bis Magdeburg. Als Entwässerungsrinne bildete sich das Breslau – Magdeburg – Bremer Urstromtal, also in unserer Gegend als Hauptfluss die Aller. Schon etwa 10 Kilometer südlich des heutigen Elbtales zog die Aller die Gewässer an sich – so auch aus dem südlichen Luhe- und Ilmenautal.[21]

Man darf sich diese eiszeitlichen Urstromtäler allerdings nicht wie einen großen Fluss vorstellen, denn im Winter war das Wasser dort in großen Eisseen gefroren und nur im Sommer schoben die Schmelzwasserfluten das Geröll vor sich her.[21]

Die folgende Eem-Warmzeit zwischen Saale- und Weichseleiszeit dauerte gerade einmal 11.000 Jahre. Die Temperatur lag etwa um zwei Grad oberhalb der vorindustriellen Temperatur (1800 n. Chr.) , der Meeresspiegel lag 4 bis 6 m über dem heutigen Niveau. Während dieser Zeit bewohnte der Neanderthal-Mensch Mitteleuropa in der vorgeschichtlichen Phase der mittleren Altsteinzeit.

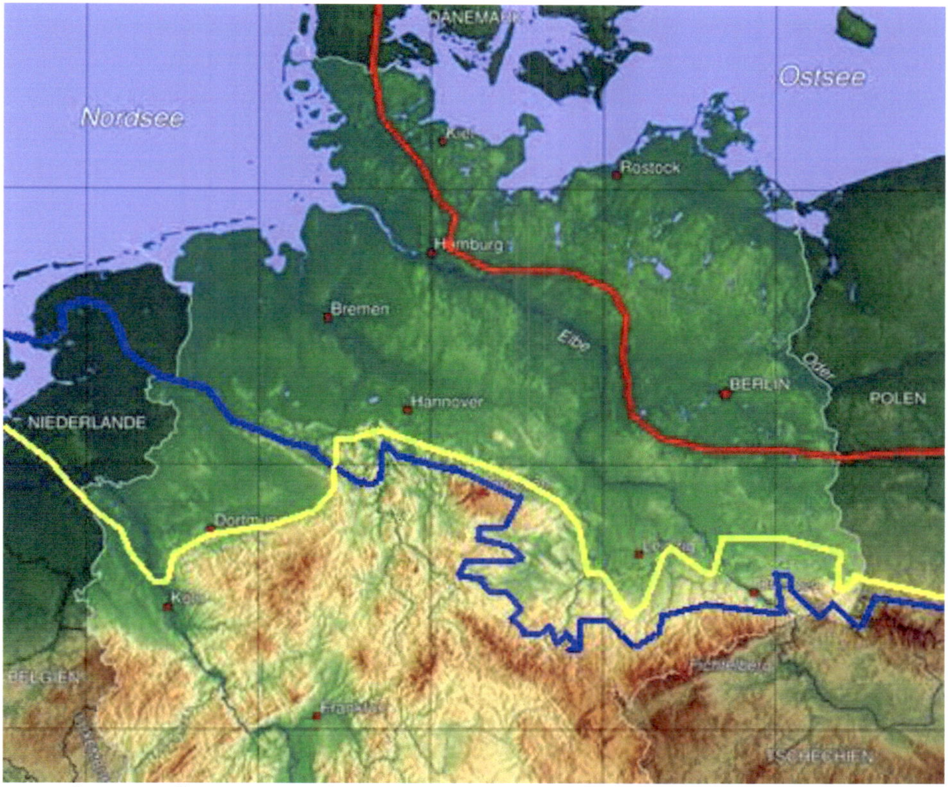

Maximale Eisrandlagen in Norddeutschland (blau = Elster-, gelb = Saale-, rot = Weichsel-Kaltzeit) Quelle = „Botaurus", Wikipedia

Vor etwa 115.000 Jahren begann die letzte Vereisung, nach der Weichsel benannt. Im Maximum der Vereisung gab es in Norddeutschland drei oder vier Vorstoße der Vergletscherung, die nach dem teilweisen Zurückweichen des Eises jede ihre typischen Endmoränen hinterließ. Produkt dieser Bewegung sind die Seenlandschaften von Mecklenburg oder der Holsteinischen Schweiz und einige Förden der Ostsee.

Der Meeresspiegel stieg durch das Abschmelzen des Eises wieder an – etwa um 120 Meter seit dem Tiefststand vor etwa 22.000 Jahren.

Die Elbe war zuerst nur ein kleiner Fluss etwa bei Lauenburg beginnend. Sie konnte allerdings rückwärts erodierend Flüsse aus Mecklenburg anzapfen, die bisher in weitem Bogen südwärts der Aller zuliefen und somit ihre Erosionskraft verstärken. Damit gelang ihr letztlich auch in der Magdeburger Gegend die Oberelbe an sich zu ziehen und damit der Aller den Hauptteil des Wassers zu entziehen.

Der Meeresspiegel lag ja deutlich tiefer als heute und durch ihre damals tiefere Tallage etwa 20 Meter unter dem heutigen Niveau übte die Elbe stark erodierenden Einfluss aus auf die Heideflüsse wie Luhe und Ilmenau, die ihrerseits weiter nach Süden erodierten und somit in ihrem südlichen Bereich den Lauf quasi nach Norden umdrehten – die Wasserscheide zwischen Aller und Elbe wanderte deutlich nach Süden.[21]

Jüngere Dryas / „Tundrenzeit“ (10.700 – 9.700 v. Chr.)

Bevor es kontinuierlich warm wurde, kam es zum Kälterückschlag der jüngeren Dryas-Zeit. Die eben erst neu aufgewachsenen Nadelwälder verschwanden und die mit lichten Baumgruppen durchsetzte Tundra breitete sich aus. Bekannt ist diese Periode der endenden Altsteinzeit durch die von Alfred Rust ausgegrabene Ahrensburger Kultur der Rentierjäger. Diese Menschen waren keine Neanderthaler mehr, sondern vom modernen *Homo sapiens*-Typ. Werkzeuge wurden aus Stein, aber auch aus Knochen und Geweih hergestellt. Bogen und Pfeil waren hauptsächliche Jagdwaffe. Diese Menschen lebten in Rundzelten – mich haben sie immer an Indianer ohne Pferde erinnert.

Es hat mich als Schüler (1955 – 9. Klasse) schon fasziniert, an einer Excursion mit Herrn Rust selbst im Stellmoorer Tunneltal teilnehmen zu können.

12 b - Holozän / Nacheiszeit (seit etwa 12.000 Jahren) [23]

Ostsee und Doggerland

Mit den Schmelzen des Eises begann die interessante Geschichte von Nordsee und Ostsee. Schon unter dem Eis hatte sich Schmelzwasser gebildet und nach dem Rückzug des Eises auf die Höhe von Stockholm bildete sich südlich des Eises ein großer Schmelzwassersee aus.

8.200 v. Chr. war der Meeresspiegel wieder soweit angestiegen, dass sich durch Mittelschweden eine Verbindung mit dem Atlantik ergab, salziges Wasser strömte ein. Nach einer Muschelart ist diese Phase der Ostsee als Yoldia-Meer bekannt. Tausend Jahre später tauten die Gletscher noch weiter ab und das vom Gewicht des Eises entlastete Land hob sich soweit, dass die Verbindung zum Meer wieder unterbrochen war. Das Süßwasser dominierte erneut im so genannten Ancylussee. Zuletzt entwässerte dieser See durch einen großen Fluss im Zuge der Kadett-Rinne, des Fehmarnbelts und des großen Belts. Große Teile der dänischen Inselwelt waren damals noch Festland.

Erneut 1000 Jahre später – inzwischen etwa 6000 v. Chr. – war der Meeresspiegel so weit angestiegen, dass erneut eine Verbindung zur Ostsee bestand – diese zweite Salzwasser-Phase mit brackigem Wasser ist das Littorina-Meer – ebenso wie die vorigen Phasen nach einer typisch vorkommenden Muschel oder Schnecke benannt. Durch geringer werdenden Salzeintrag durch die Verengung der Verbindung zum Meer durch die dänischen Inseln stieg der Süßwasseranteil allmählich, so dass seit dem Jahre 0 die Ostsee als Limnea-Meer und später als Myameer bezeichnet wird.

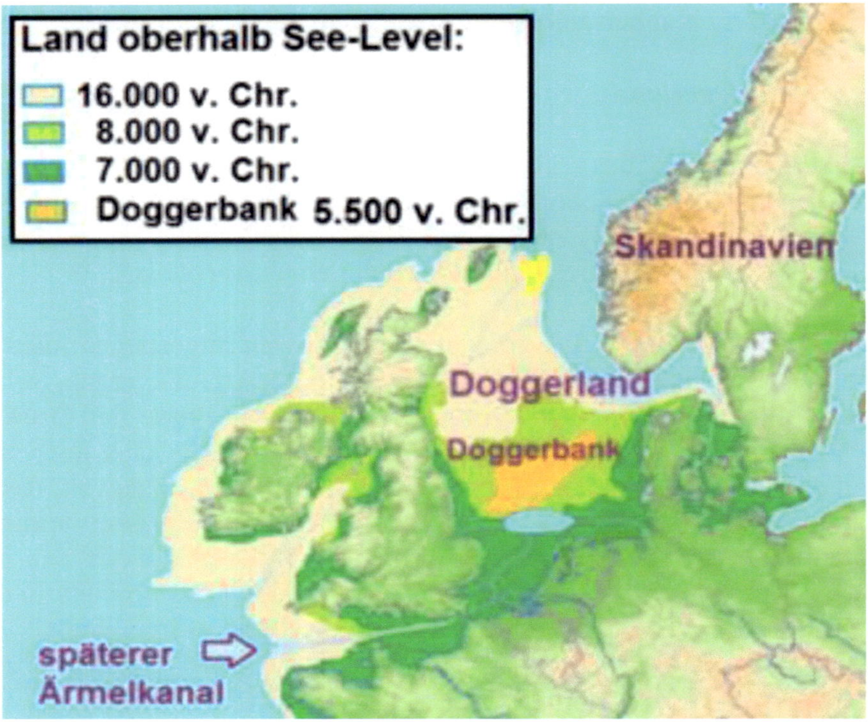

Doggerland – Ausschnitt aus einer Graphik des User „Juschky" - Wikipedia

Im Bereich der Nordsee haben wir einfachere Verhältnisse. Mit dem Ansteigen des Meeresspiegels verschwand einfach mehr und mehr Land unter der sich neu bildenden Nordsee. So gingen die Gebiete westlich und nördlich von Irland und um Schottland herum (beige gezeichnet) als erste um etwa 16.000 v. Chr. verloren. Um 8.000 v. Chr. versanken die hellgrün markierten Landstriche, Um 7.000 v. Chr. gingen die dunkelgrün gezeichneten Flächen verloren und nicht nur Gross-Britannien, sondern auch Doggerland wurde eine große Insel, die sich im Laufe der nächsten Jahrhunderte mehr und mehr verkleinerte. Um 5.500 v. Chr. wurde auch der orange markierte Rest überflutet. Doggerland war während der letzten Vereisung eisfrei und daher Heimat von Jägern und Sammlern, deren Hinterlassenschaften hin und wieder in die Fischernetze gerieten.

Präboreal (9610 bis 8690 v. Chr.)

Jetzt erfolgte ein enorm schneller Anstieg der Temperaturen, die im Winter um durchschnittlich 6° und die im Sommer um 3°. Birken, Kiefer und Hasel wanderten von Süden her ein.

Archäologisch korreliert diese Periode mit der frühmittelsteinzeitlichen Maglemosekultur (Jagd, Fischfang, Bau von Hütten, Angelhaken, Drillbohrer und Bernsteinschmuck). Diese Kultur war in England, Norddeutschland, Dänemark, Südschweden und im Baltikum verbreitet und hielt sich bis ca. 6500 v. Chr.

Boreal (8690 bis 7270 v. Chr.)

Der Meeresspiegel stieg in dieser Zeit von –54 auf –30 Meter, so dass bereits große Teile des Doggerlandes unter Wasser verschwanden. Eichen, Ulmen, Linden und Erlen wanderten ein. Einige vor den Vereisungen in Mitteleuropa heimische Arten konnten sich allerdings nicht wieder in den Wäldern etablieren wie Rosskastanie, Mammutbaum, Schirmtanne, Thuja, Tulpenbaum, Douglasie, Hemlock oder Hickory. Wenn diese Arten heutzutage hier wieder wachsen, hat der Mensch nachgeholfen.

Hirsche, Rehe, Elche, Wildschwein und Auerochse kamen zurück aus ihren Refugien in Spanien, Italien oder auf dem Balkan. Biber und Otter lebten wieder in den Flüssen und Wolf, Braunbär, Luchs und Wildkatze kamen als Raubtiere.

Körbe und Netze aus Pflanzenfasern, Boote und Schlitten sind weitere neue Hinterlassenschaften der hier lebenden Menschen.

Atlanticum (7270 v. Chr. bis 3710 v. Chr.)

In dieser Periode war es in Mitteleuropa etwa 2,5° wärmer als Ende des 20. Jahrhundert. Zudem war das Klima feuchter als jetzt. Auch die Laubbäume Buche und Esche wuchsen neben den Bäumen des vorhergehenden Boreal, Birke und Kiefer wurden verdrängt.

Während dieser warmen Zeit dichter Vegetation löste die Ertebölle-Kultur die bisherige Maglemose-Kultur um 6500 v. Chr, ab. Ein bekannter Fundort dieser Periode ist Ellerbek bei Kiel. Verbreitet ist diese Kultur von Nordniedersachsen bis Südschweden. Gewohnt wurde vor allem an der Küste. Typische Hinterlassenschaften sind dort die großen Haufen von Muschelschalen, die davon zeugen, dass die Ressourcen des Meeres jetzt eine größere Rolle spielten. Auerochsen, Bär und Elch waren allmählich von den Jägern ausgerottet worden.

Demzufolge wurden die Werkzeuge für Schfffahrt und Fischerei verfeinert (Fischzäune, Reusen, Boote). Frühe Keramik taucht auf, zuerst wohl von südlicher lebenden Ackerbauvölkern übernommen, aber seit 4.900 v. Chr auch mit eigener Ware. Der Hund war Helfer bei der Jagd.

Ein Kind war auf dem Flügel eines Schwanes ganz dicht bei seiner Mutter bestattet worden. Hier erscheinen diese Wald- und Meeresjäger auf einmal dann ganz romantisch.[24]

Doch auch ganz andere Leute wanderten um diese Zeit in das Waldland Mitteleuropas ein. Die bandkeramische Ackerbaukultur begann im südlichen Mitteleuropa etwa um 5.700 v. Chr. und dauerte etwa 800 Jahre. Etwa um 5.300 v. Chr. war diese Kultur auf eine Linie Düsseldorf – Göttingen – Berlin vorgedrungen und erreichte bei Stettin die Ostsee, ließ aber das flache Niedersachsen noch unberührt. [25]

Benannt sind diese wohl aus dem Südosten einwandernden Menschen nach ihrer mit Bandabdrücken verzierten Keramik. Ihre Siedlungen lagen wie kleine Inseln in den Wäldern mit einer Ansammlung parallel stehender lang gestreckter Häuser. Diese Häuser waren etwa 20 bis 30 Meter lang und um sechs bis acht Meter breit und dienten auch als Speicher. Das Skelett der Häuser war ein Pfostenwerk aus Holzbalken, die Wände mit Lehm verputztes Flechtwerk. Wie im archäologischen Zentrum von Hitzacker zu erfahren ist, benötigt man für das Fällen eines vergleichbaren Baumes mit der Axt aus Eisen zehn Minuten, mit der aus Bronze 20 Minuten und mit dem Steilbeil eine halbe Stunde. So gesehen war auch das

Steinzeitwerkzeug der Bandkeramiker schon sehr wirkungsvoll und auch das Grundmodell ihrer Häuser bewährte sich Jahrhunderte..

Emmer und Einkorn als Vorform des Weizens war Hauptgetreide. Das Vieh der Bandkeramiker, Rinder und auch Schweine, weidete im Wald. Schafe und Ziegen blieben in der Minderheit. Durch Feldbau und Viehweide kann jetzt eine sehr dynamische Veränderung in das Landschaftsbild – die Beeinflussung durch menschliche Aktivität. Aufgrund der zu heute relativ geringen Dichte der Bevölkerung begann dieser Prozess zwar langsam, verstärkte sich aber mit der Übernahme der Landwirtschaft durch die bisherigen Jäger und Sammler.

Auch wenn es mehrere Jahrhunderte dauerte, verbreitete sich diese Wirtschaftsweise doch nach Norden. So lange dem Jäger und Sammler genügend Ressourcen zur Verfügung stehen, hat diese Lebensweise durchaus Vorteile – besonders in Nachbarschaft zu bereits Ackerbau treibenden entwickelteren Gesellschaften, mit denen Handel möglich war. So ist diese langsame Kulturdrift verständlich. Die Kultur der Trichterbecher – benannt nach ihrer typischen Keramik – etablierte die Landwirtschaft ab etwa 4200 v. Chr. im späten Atlanticum auch in Norddeutschland in das Gebiet der früheren Jäger und Sammler .

Subboreal (3710 bis 450 v. Chr) und Subatlanticum (450 v. Chr. bis Gegenwart)

Das Klima wurde etwas kühler als im Atlanticum – oft wird das Subboreal auch als Eichenmischwald- und Erlenzeit beschrieben. Rotbuche und Hainbuche wanderten im Subboreal in unsere Wälder ein, so dass um 1000 v. Chr. die Buche der dominierende Baum wurde.

Für die weitere Betrachtung der Dinge ist jetzt der große Überblick nicht mehr das optimale Mittel der Wahl, denn die klimatischen und vorgeschichtlichen und geschichtlichen Prozesse der letzten 5000 Jahre in unserer Gegend sollten detaillierten Darstellungen vorbehalten sein.

Anhang 1 – Übersicht der Kontinentalbewegungen

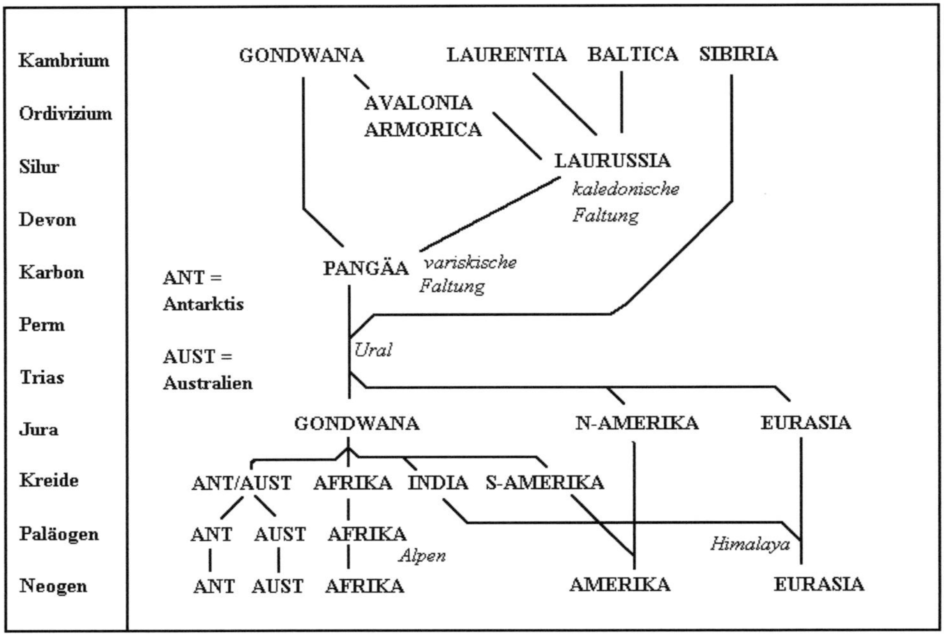

Graphik H. Buchholz

Anhang 2 – Übersicht globaler Klimadaten der Erdgeschichte

Blau symbolisiert den Gehalt an Sauerstoff in der Atmosphäre in Prozent des heutigen Wertes. Jeder waagerechte Strich ist eine Abweichung von 10 Prozent negativ oder positiv zum heutigen Wert (gleich 100 % = rote waagerechte Linie)

Rot symbolisiert die Abweichung der Durchschnittstemperatur von heute. Jeder waagerechte Strich symbolisiert ein Grad. Auffällig ist, dass diese Temperatur im Laufe der Erdgeschichte stets gleich oder höher war als das heutige Level (gleich 0° = rote waagerechte Linie)

Grün symbolisiert den CO_2-Gehalt der Atmosphäre, also den des Kohlendioxyd. Er wird wesentlich durch die Aktivität der Pflanzen bestimmt, entsteht aber in neuerer Zeit auch durch menschliche Aktivität seit dem beginnenden Industriezeitalter. Jede waagerechte Linie zeigt um ein vielfaches des heutigen Vorkommens an (siehe die waagerechten grünen Linien, markiert mit 5 x und 10 x).

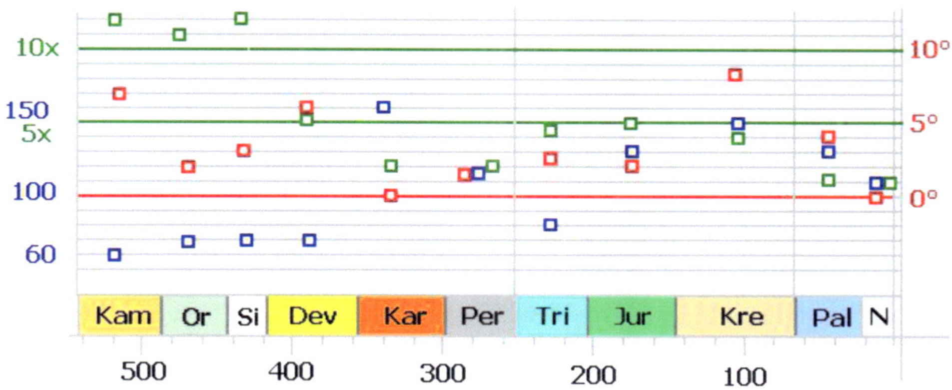

Graphik H. Buchholz nach Daten der erdgeschichtlichen Perioden in Wikipedia. Zeitskala (waagerecht) in Millionen Jahren in die Vergangenheit

Anmerkungen und Quellen zu „Damals in Gondwana ...“

Lassen Sie sich nicht von den Hinweisen auf Wikipedia stören. Aus Gründen des Urheberrechtes ist es einfacher, von dort Karten und Bilder zu übernehmen als aus Büchern. Bei faktenbasierten Wissenschaften wie Geologie oder Biologie gilt Wikipedia allgemein als zuverlässig.

allgemein als globaler Überblick z.B.

C.A.W. Guggisberg “Kleine Erdgeschichte” Hallwag Verlag, Bern

oder ansonsten unzählige Zusammenfassungen der Erdgeschichte

[1] Gustav Schenk „Die Bärlapp-Dynastie“ Verlag für internationalen Kulturaustausch Berlin / Herrenalb / Frankfurt (M), 1960 – Seite 200 Gustav Schenk „Die Erde“ Chr. Belser Verlag, Stuttgart, 1962

[3] https://de.wikipedia.org/wiki/Kambrium - eingesehen 14.10.2016

[4] Ernst Probst „Deutschland in der Urzeit“ Orbis Verlag 1999, ISBN 3-572-01057-8 (mit durchgehender Kartierung der Küstenlinien in Mitteleuropa)

[5] https://de.wikipedia.org/wiki/Ordovizium - eingesehen 14.10.2016

[6] https://de.wikipedia.org/wiki/Silur - eingesehen 14.10.2016

[7] Gerd K. Müller und Christa Müller „Geheimnisse der Pflanzenwelt“, Manuscriptum Leipzig 2003, ISBN 3-933497-89-2

[8] https://de.wikipedia.org/wiki/Devon_(Geologie) - eingesehen 14.10.2016

[9] https://de.wikipedia.org/wiki/Karbon - eingesehen 14.10.2016

[10] https://de.wikipedia.org/wiki/Zechsteinmeer - eingesehen 13.10.2016

[11] Stephen Brusatte und Zhe-Xi Lio „Der Aufstieg der Säugetiere“ in Spektum der Wissenschaft 10.2016, Seite 44 ff

[12] https://de.wikipedia.org/wiki/Perm_(Geologie) - eingesehen 14.10.2016

[13] https://de.wikipedia.org/wiki/Trias_(Geologie) - eingesehen 14.20.2016

[14] John G. Sclater und Christopher Tapscott “Die Geburt des Atlantik” in “Ozeane und Kontinente”, S. 118 ff, Spektrum der Wissenschaft, Heidelberg, 1986

[15] https://de.wikipedia.org/wiki/Jura_(Geologie) - eingesehen 14.10.2016

[16] Karl Mägdefrau „Vegetationsbilder der Vorzeit“, Gustav Fischer, Jena, 1952

[17] https://de.wikipedia.org/wiki/Kreide_(Geologie) - eingesehen 14.10.2016

[18] https://de.wikipedia.org/wiki/Paläogen und untergeordnete Links - eingesehen 16.10.2016

[19] https://de.wikipedia.org/wiki/Neogen und untergeordnete Links - eingesehen 16.10.2016

[20] https://de.wikipedia.org/wiki/Känozoisches_Eiszeitalter - eingesehen 17.10.2016

[21] Richard Mende „Eis, Wasser und Wind“ H. Christans Verlag, Hamburg, 1956

[22] https://de.wikipedia.org/wiki/Weichsel-Kaltzeit - eingesehen 17.10.2016

[23] https://de.wikipedia.org/wiki/Stadien_der_Ostsee_im_Postglazial - eingesehen 17.10.2016

[24] T. Douglas Price und Erik Brinch Petersen „Ein Lagerplatz der Mittelsteinzeit in Dänemark“ in „Siedlungen der Steinzeit“, Spektrum der Wissenschaft, Heidelberg, 1989, ISBN 3- 922508-48-0

[25] Jens Lühning und Petar Stehli „Die Bandkeramik in Mitteleuropa“ in „Siedlungen der Steinzeit“, Spektrum der Wissenschaft, Heidelberg, 1989, ISBN 3-922508-48-0

Ein kleiner Brief aus Grünhagen und was er uns erzählt **Wolfgang Koschel**

Als Briefmarkensammler, auch Philetalist genannt, interessiert mich nicht nur die lose Marke, sondern vielmehr die Marke auf Brief mit einem Stempel; man sagt auch, dass die lose Marke stumm ist, die ausgeschnittene Marke lispelt, der komplette Brief aber spricht.

Vor einigen Jahren erhielt ich von einem Auktionshaus in Hannover einen Briefmarkenversteigerungskatalog. Mein besonderes Interesse gilt den Marken von Hannover, ab 1814 Königreich mit eigener Posthoheit bis zum 20. September 1866, danach preußische Provinz. Hier wiederum suche ich nach Abstempelungen von Bienenbüttel, die nicht sehr häufig sind, da unser Heimatort und somit das Postaufkommen nicht sehr groß war. Der Ort hatte ca. 410 Einwohner, Grünhagen ca. 150 Einwohner. In dem mir nun vorliegenden Katalog wird ein Brief mit Inhalt und frankiert angeboten – leider ohne Ablichtung. Der Ausrufpreis ist moderat, und ich biete auf das

Stück und bekomme auch den Zuschlag. Von dem kleinen Faltbrief im Format 12 x 6,5 cm, ohne rotes Lacksiegel, bin ich begeistert, keine Beschädigungen, die aufgeklebte, ungezähnte Marke ist breitrandig aus dem Bogen geschnitten, Entwertungsstempel sind klar und exakt gesetzt, also schon damals gute Beamtenarbeit in Bienenbüttel. Bei der Marke handelt es sich nach dem Michelkatalog um die Hannover Nr. 2 zu 1 Gutegroschen (Ggr) in schwarzem Druck auf olivgrauem Papier, Erstausgabetag der 19. Juli 1851. Das entspricht dem Porto für Briefe unter 1 Loth. Bei den Stempeln handelt es sich um die für Hannover typischen Doppelkreisstempel ohne Jahreszahl in blauer Farbe. Die blaue Farbe musste seit dem 23. April 1852 verwendet werden, davor wurde mit schwarzer Farbe entwertet. Dieser Stempel wurde noch bis in die Reichspostzeit verwendet, allerdings zuletzt in schwarzer Farbe.

Nun zur Anschrift. Ich traue meinen Augen nicht: Herrn W. Engelhard, Bildhauer in Hamburg, Rathausstraße 10, steht da geschrieben. Vorsichtig öffne ich die Faltung dieses kleinen Briefes und lese „Grünhagen, den 4. April 54“ - also 1854. Das kann nur ein Brief an den berühmten Bildhauer Friedrich Wilhelm Engelhard aus Grünhagen sein, geschrieben von seiner Mutter und unterschrieben mit Helene Engelhard (Kirchenregister: Ilse Magdalene Elisabeth E.). Sie bedankt sich für die Geburtstagsgrüße, bringt ihre Freude zum Ausdruck, dass der Sohn nun bald den Bund fürs Leben mit seiner Marie eingehen will, und bittet ihn, alle Verwandten und Freunde mit Verlobungsanzeigen zu bedenken. Im weiteren Text folgen wohlmeinende mütterliche Ratschläge. Tatsächlich hat Friedrich Wilhelm dann seine musikalisch hochbegabte Marie Pauline, geb. 14. Dezember 1828, – aus gutem Hause – im März 1855 geheiratet.

Friedrich Wilhelm Engelhard gehört zu den großen Bildhauern des 19. Jahrhunderts. Geboren wurde er noch zu Napoleonischer Zeit am 9. September 1813 im Grünhagener Forsthaus; der Vater hatte dort das Amt des Klosterförsters inne. Früh zeigte der Knabe handwerkliches und künstlerisches Geschick, so dass man ihn in eine Drechslerlehre nach

Lüneburg gab. Nach der Ausbildung begannen für ihn fruchtbare Lehr- und Wanderjahre durch ganz Europa, wobei sein Wirken in der Werkstatt des berühmten Bildhauers Bertel Thorvaldsen in Kopenhagen besonders erwähnt sei. Hier knüpfte er erste Verbindungen zum dänischen Königshaus. In München war er später im Atelier des genialen Bildhauers Ludwig Schwanthaler tätig, von dem die „Bavaria", das Wahrzeichen Münchens,stammt. Verschiedene große Aufträge deutscher und europäischer Fürsten- und Königshäuser trugen zu Engelhards Ruhm in der Kunstwelt bei. Der Künstler selbst soll ein fröhlicher, ausgeglichener Mensch gewesen sein, dem aber wohl im geschäftlichen Bereich die glückliche Hand fehlte.

Von seinen vielen Werken seien genannt die Statuen die „Germanen" und die „Lorelei", die nach Schottland gingen, die Reiterstatuette Heinrichs des Löwen, die der Dänenkönig Christian VIII erwarb. Erwähnt sei auch das Eddafries in der Marienburg bei Hannover, zuvor gezeigt und belobt 1851 auf der Weltausstellung in London und das Marmordenkmal der Kurfürstin Sophie im Park von Herrenhausen.

Im Jahre 1859 zieht Engelhard auf Drängen des Hannoverkönigs Georg V nach Hannover, um hier größere Aufträge für den kunstliebenden König auszuführen, insbesondere auf der bereits erwähnten Marienburg.

Am 23. Juni 1902 verstirbt Friedrich Wilhelm Engelhard hochbetagt nach einem erfüllten Künstlerleben in Hannover, wo er lange Jahre mit seiner Frau verbracht hatte und ein gastliches Haus führte, das der Künstlerwelt offenstand.

Büste der Kurfürstin Sophie von W. Engelhard

Nun noch einmal zurück zu meinem kleinen Brief, geschrieben am 4. April und am selben Tage zur Poststation nach Bienenbüttel gebracht, denn Grünhagen war kein Postort. Seit 1738 gibt es in Bienenbüttel eine Postspedition, die vermutlich in der alten Vogtei, ehemals Gasthaus Moritz, gegenüber der Kirche, eingerichtet war. Einen dokumentierten Nachweis über den Bienenbüttler Poststandort habe ich nie gefunden.

Meine Vermutung begründet sich darauf, dass der Ausspann für die Pferde der seit 1652 bestehenden Postroute neben der Vogtei in Richtung Poststraße lag. Von Bienenbüttel aus konnte man die Postlinien nach Uelzen, Lüneburg, Bleckede, Boizenburg, Dahlenburg und Ebstorf nutzen.

Zur Zeit unserer Briefaufgabe nach Hamburg war Postspediteur ein G. Meyer, der von 1851 bis 1867 seinen Dienst in Bienenbüttel versah, der auch Bahnhofseinnehmer und ab 1863 Stationsvorstand war. Bienenbüttel hatte seit 1847 Bahnanschluss an die Strecke Hannover-Harburg – nicht bis Hamburg, da der Stadtstaat Hamburg die Kosten scheute, Harburg gehörte noch zum Königreich Hannover

Der kleine Brief aus Grünhagen wird nach der postalischen Bearbeitung in Bienenbüttel mit der Fahrpost (Postkutsche) über Lüneburg, Winsen an der Luhe, Hoopte, dann mit der Fähre über die Elbe nach Zollenspieker und weiter durch die Vierlande nach Hamburg, wo das Königreich Hannover bis zum September 1866 ein eigenes Postamt unterhielt, seinen Weg genommen haben. Leider trägt der Brief keinen rückseitigen Eingangsstempel, was ansonsten üblich war. Die Feststellung der Beförderungszeit – für die damalige Zeit vermutlich erstaunlich kurz – wäre interessant gewesen.

So hat also der liebe Sohn den Brief der Mutter erhalten, sich über die elterlichen Grüße aus Grünhagen gefreut und vielleicht über die mütterlich wohlmeinenden Worte geschmunzelt.

Das alles erzählt uns dieser kleine Brief aus Grünhagen über Bienenbüttel nach Hamburg.

Ich kann dem geneigten Leser anraten, sich vielleicht auch einmal mit der Philatelie – sprich Brief- und Briefmarkenkunde - zu beschäftigen. Was dabei herauskommen kann, zeigt diese Abhandlung.

Wotan – Denkmal in Hannover von W. Engelhard

Anmerkungen, Quellen und Literatur

Walter Koptik
Gemeindechronik Bienenbüttel

Eberhard Behnke, Heinrich Porth
Ortsfamilienbuch des Kirchspiels Bienenbüttel 1642 – 1920

Holger Runne
Friedrich Wilhelm Engelhard – Der Bildhauer aus Grünhagen
in: Der Heidewanderer Nr. 37, 10.09.1988
Holger Runne (Hrsg.)
SPUREN 1, 2. Auflage 2014 „1010 Jahre Bienenbüttel – Geschichte mit Zukunft"
Arbeitskreis Geschichte Bienenbüttel

Wilma Laudan
GRÜNHAGEN, Spuren Band Nr. 17, Arbeitskreis Geschichte Bienenbüttel

MICHEL Deutschland Spezial – Katalog 2001 – Band 1

Postgeschichtliche Blätter Hannover-Braunschweig, Heft 12
Gesellschaft für Deutsche Postgeschichte e. V.,
Bezirksgruppe Hannover-Braunschweig

Fotos:
Brief - Sammlung Koschel
Büste Kurfürstin Sophie - Bibliothek-Archiv Bienenbüttel
Wotan-Denkmal - Wikipedia vom 26.10.2016

Eine Kaminplatte erzählt „Geschichte“ Wilma Laudan

Eine einfache gusseiserne Platte oder ein historisch wertvoller Fund? Fundort ist der Boden des Herrenhauses des ehemaligen Gutshofes Grünhagen (heute das Hotel Mühlenstein). Eine genauere Betrachtung brachte einige Überraschungen. Am unteren Rand, deutlich erkennbar, das Jahr **1711**. In der Mitte, oval umrandet, das Wappen des Kurfürstentums Braunschweig-Lüneburg, auch Kurfürstentum Hannover genannt. Am linken Rand senkrecht der Name Georg L. I.

Bei Wikipedia ist zu lesen: *„**Kaminplatten** sind gusseiserne, meist mit Reliefs (z. B. Wappen) geschmückte Platten, die vor der Rückwand eines offenen Kamins angebracht wurden. Sie schützten einerseits das Mauerwerk vor dem Feuer, reflektierten andererseits aber auch die Hitze nach vorne, so dass sie dem Raum vor dem Kamin zugute kam. Zudem speicherte das Eisen die Wärme des Feuers und gab sie auch nach dessen Erlöschen noch ab.“*

Dietrich Hagelberg als Pächter des Gutshofes Grünhagen ließ 1711 ein quadratisches Gebäude als seinen persönlichen Wohnsitz errichten.

Wahrscheinlich benutzte er aus Kostengründen das noch brauchbare Material des ehemaligen Schlosses und der Kapelle. Dieses Herrenhaus verfügte *„in der Stuben gegen der Kirche"* über einen Kamin, der zahlreiche Stuben und Kammern beheizte. Im darüber liegenden Stockwerk lagen weitere Zimmer, ein Saal und die *„Weiße Stube"* für gesellschaftliche Essen und Festlichkeiten. Der Zugang erfolgte durch ein *„vestibül"* von der Straße her (heute die B 4).

Die Kaminplatten kamen Ende des 15. Jahrhunderts auf und sind fast quadratisch. Die vorhandene Platte hat eine Größe von 57 cm x 68 cm. Das darauf abgebildete Wappen gilt als Symbol der Zugehörigkeit zur Welfenfamilie und zum Kurfürstentum Hannover mit der Regentschaft Georg L. I. 1698 trat er die Regierung in Hannover an.

Seine Mutter, Kurfürsten-Witwe Sophie, wurde 1701 vom englischen Parlament zur Thronfolgerin der protestantischen Linie erklärt. Es hatte festgelegt, dass nur Protestanten die englische Thronfolge übernehmen konnten. Aber erst ihr Sohn Georg Ludwig bestieg 1714 als König Georg I. den englischen Thron.

Das ursprünglich fränkische Adelsgeschlecht der Welfen ist seit dem 9. Jahrhundert bekannt und ist eines der ältesten noch existierenden Adelsgeschlechter Europas. Durch mehrere Erbteilungen entstanden separate Fürstentümer, die aber in ihrer Gesamtheit Kurfürstentümer bildeten. Sie existierten bis zur Auflösung des Heiligen römischen Reiches Deutscher Nation im Jahr 1806.

Die Welfen stellten ab 1235 die Herzöge des Fürstentums Braunschweig-Lüneburg, die 1692 zu Kurfürsten von Hannover aufstiegen. 1814 wurde das Fürstentum auf dem Wiener Kongress zum Königreich Hannover erhoben. Ernst August von Hannover, Ehemann der Prinzessin Caroline von Monaco, ist zur Zeit das Oberhaupt der Welfenfamilie.

Die ältere Linie der Welfen starb 1884 mit dem Tod des erbenlosen Herzogs Wilhelm aus. Das Herzogtum Braunschweig wäre an den Kronprinzen von

Hannover, Ernst August, Herzog von Cumberland (1845 – 1923), gefallen, hätte nicht Fürst Otto von Bismarck dafür gesorgt, dass die Regentschaft von Prinzen aus Preußen und Mecklenburg übernommen wurde.

Der Sohn des Kronprinzen Prinz Ernst August (1887–1953) heiratete die Prinzessin Viktoria Louise, Tochter des deutschen Kaisers Wilhelm II. und sorgte somit für die erneute Übernahme der Welfen des Herzogtums.

1635 übernahm Georg, Herzog von Braunschweig-Lüneburg das verwaiste Fürstentum Calenberg-.Göttingen-Grubenhagen. Georgs Sohn Ernst August erbte 1679 das Fürstentum Calenberg. Sein Ziel war der Erwerb der kurfürstlichen Würde für sein calenbergisches Haus. Sein ältester Sohn Georg Ludwig sollte der alleinige Erbe der welfischen Fürstentümer Calenberg und Grubenhagen werden.

Durch einen Erbschaftsvertrag mit seinem Bruder, dem Celler Herzog Georg Wilhelm, war sicher gestellt, dass nach dessen Tod auch das Fürstentum Lüneburg an Hannover fiel. Als Herzog Ernst August 1698 starb, erbte Georg Ludwig alle Besitzungen seines Vaters und trat damit die Regierung in Hannover an.

Doch zunächst ein Blick auf die Geschichte und Entstehung der Wappen.

Der Ursprung der Wappen liegt im Mittelalter, zunächst in Form von Schilden der Ritter. Die Ritterrüstungen und geschlossenen Helme im Mittelalter machten es unmöglich, Freund und Feind zu unterscheiden. Es gehörte zu den Notwendigkeiten, in einem Zweikampf, ob in der Schlacht oder im Turnier, stets zu wissen, mit wem man kämpfte. Durch bunte Zeichnungen, möglichst kontrastreich, wurde es möglich, die Kämpfer zu identifizieren. So gekennzeichnete „Waffen“ wurden dann zu „Wappen“.

Sie sind das äußere Kennzeichen eines Besitzes oder einer Zugehörigkeit eines Landes, eines Vereines oder anderer Körperschaften. Schon in früheren Zeiten waren sie Herrschafts- und Hoheitszeichen von Burgen und Schlössern und die Rechte reicher Familien und Amtsinhabern, sie sind vererbbar und haben auch noch heute Gültigkeit.

Die auf den Schilden angebrachten Zeichen standen nun nicht mehr für Einzelpersonen, sondern für das ganze Geschlecht – der Übergang zum echten Wappen, zum dauerhaften Sinnbild einer Familie, war damit vollzogen. Was jemand „im Schilde führte", wurde gleichbedeutend mit der Zuordnung zu einer Familie und allem, was man mit ihr assoziierte.
Heraldik Bernhard Peter

Wikipedia

Das Wappen des Kurfürstentums Hannover

Das Wappen der Herzöge von Braunschweig-Lüneburg zeigt verschiedene Varianten mit unterschiedlichen Elementen auf. Es setzt sich aus einzelnen Komponenten zusammen und besteht bei der vorhandenen Kaminplatte aus siebzehn Feldern. Die Grundaufteilung des Schildes ist zweimal gespalten und viermal geteilt über einem gespaltenen Schildfuß. Auf dem Schild ruht der Kurhut mit dem Reichsapfel des Heiligen Römischen Reiches, der die Weltherrschaft und die universale Reichsidee symbolisiert. Er ist ein Herrschaftszeichen in Form einer Weltkugel mit aufgesetztem Kreuz.
Neben der Verwendung als Kopfbedeckung war der Kurhut vor allem als heraldische Wappenkrone gebräuchlich.
WIKIPEDIA

Das Territorium des späteren Herzogtums Braunschweig-Lüneburg war bis ins 12. Jahrhundert Teil des Herzogtums Sachsen. Es war ein Reichsfürstentum auf dem Gebiet des heutigen Bundeslandes Niedersachsen.

Wikipedia

Ein wichtiges Zeichen der Nieder-Sachsen ist das „Sachsenross" in Feld 2, ein weißes Pferd auf rotem Grund. Es galt von alters her als das Zeichen des Herzogs Widukind, der im 8. Jahrhundert Sachsen gegen die Franken verteidigte. Im Kampf gegen die Franken wurde das „Sachsenross" schnell zum legendären Symbol aller Sachsen. und zum Wappentier des Königreichs Hannover und der preußischen Provinz Westfalen. Das Sachsenross trägt in Westfalen den Schweif immer nach oben gerichtet, das Niedersachsenross trägt nach 1945 einen herabhängenden Schweif.

Wikipedia Wkipedia

Das Fürstentum Braunschweig (Feld 1)

Fürstentum Lüneburg (Feld 3)

Das Herzogtum Braunschweig-Lüneburg entstand aus dem Eigentum der Welfen in Sachsen und erhielt den Namen nach den beiden größten Städte dieses Territoriums, - Braunschweig und Lüneburg. Es bestand in ihrer Gesamtheit bis zur ersten Teilung im Jahre 1269. Dabei bildeten sich im südlichen Teil das Fürstentum Braunschweig, im nördlichen Teil das Fürstentum Lüneburg. Sie blieben aber weiterhin das Herzogtum Braunschweig-Lüneburg.

Bei weiteren Teilungen entstand 1291 das Fürstentum Braunschweig-Wolfenbüttel, das weiterhin fast unverändert bestehen blieb, bis 1692 das Kurfürstentum Braunschweig-Lüneburg entstand.

Wappen: Zwei schreitende goldene Löwen, meist nach vorne sehend, auf rotem Hintergrund.

Die Geschichte des Fürstentums Lüneburg ist eng verbunden mit der Welfenherrschaft in Niedersachsen. Es entstand 1269 durch die zweite Erbteilung der Welfen im Hause Braunschweig-Lüneburg. Nach dem Tod des Kaisers Otto IV 1252 übernahmen zunächst seine beiden Söhne Johann und Albrecht gemeinsam die Regierung. Später verwaltete Johann das Fürstentum Lüneburg und Albrecht das Fürstentum Braunschweig, beide Fürstentümer bildeten aber weiterhin das Herzogtum Braunschweig-Lüneburg.

Durch das Aussterben der männlichen Linie der Welfen im Fürstentum Lüneburg im Jahre 1369 entwickelte sich um die Nachfolge der Lüneburger Erbfolgekrieg (1371 – 1388).

Es kam es zu heftigen Auseinandersetzungen zwischen den Askaniern und den Welfen. Nach einer verlorenen Schlacht im Jahre 1388 verzichteten die Askanier auf Lüneburg und damit war das Fürstentum Lüneburg wieder reines Welfenterritorium. Die beiden Brüder aus dem Hause Braunschweig-Wolfenbüttel, Bernhard I. und Heinrich II., Herzöge von Braunschweig-Lüneburg, regierten von 1388 bis 1409 gemeinsam. Das Fürstentum

Braunschweig-Wolfenbüttel fiel 1400 ebenfalls an die beiden Brüder. Sie teilten 1409 die Fürstentümer auf. Heinrich II. bekam Lüneburg und Bernhard I. das Fürstentum Braunschweig.

Auf weitere Ausführungen der Folgezeit, die durch Tausch und Teilungen geprägt war, wird hier verzichtet. Sie würden den Rahmen dieses Aufsatzes überschreiten.1705 starb Georg Wilhelm Herzog von Braunschweig-Lüneburg-Celle. Seine Tochter Sophie Dorothea heiratete 1682 Georg Ludwig, Herzog von Braunschweig und späteren König von England. Es war das Ende des Fürstentums Lüneburg und der Anschluss an das Kurfürstentum (Hannover) Braunschweig-Lüneburg.

Wappen: Ein blauer Löwe in einem goldenen Feld mit verstreuten roten Herzen.

Anfangs war das Feld mit roten Lindenblättchen bestreut, die später in rote Herzen übergingen. Eine genaue Anzahl der Herzen gibt es nicht, sie werden als „bestreut“ oder „besät“ bezeichnet. Das Wappenbild wird mit dem Königreich Dänemark in Verbindung gebracht. Wilhelm Herzog von Braunschweig-Lüneburg (11184-.1213), genannt der Dicke; jüngster Sohn Heinrich des Löwen, hatte 1202 Prinzessin Helena von Dänemark geheiratet. Die Herzen sind ursprünglich dänische Zeichen und symbolisieren die Ehe dieses adeligen Paares. Beide gelten als Stammeltern aller späteren Welfen und wurden nach ihrem Tod im Benediktinerkloster St. Michaelis in Lüneburg begraben.

Wikipedia

Wikipedia

Grafschaft Everstein (Feld 4)

Herrschaft Homburg (Feld 6)

Bereits zu Beginn des 12. Jahrhunderts beherrschten die Grafen von Everstein das Weser-Diemel-Gebiet mit ihren vielen Burgstellen. Eine Anlage auf dem Burgberg, der Stammsitz der Grafen von Everstein, wurde 1226 erstmals erwähnt. In einer Urkunde aus dem Jahre 1265 wird von dem Bau der Burgen auf dem Kleinen und dem Großen Everstein berichtet. Sie wurden auf künstlich eingeebneten Bergkuppen errichtet und durch Burgmauern, einem Wall und einem Graben befestigt. Einige Mauerreste auf dem Großen Everstein sind noch vorhanden.

Die Eversteiner erlebten 1180 nach der Entmachtung Heinrich des Löwen einen glanzvollen Aufstieg. Sie bauten ihren Besitz im Weserbergland zu einer kleinen Landesherrschaft aus. Sie waren verwandt mit dem Staufen Friedrich Barbarossa, dem Kaiser Friedrich II. und den Homburgern. Nach dem Untergang der Staufen im Jahre 1284 übernahmen die Welfen die Herrschaft über die Burg und erzwangen deren Verkauf.

Mit dem Grafen Hermann VII. von Everstein gingen auch die Ländereien an die Welfen über. Durch einen Erbvertrag kam es 1395 zu der sogenannten Eversteiner Erbfolgefehde, die bis 1407 dauerte. Während dieser Zeit drangen die Welfen mit Hilfe Ottos IV. Herzog von Braunschweig weit ins Territorial der Eversteiner vor. 1408 kam es zum Friedensschluss.

Mit der Heirat der erst vier Jahre alten Tochter Elisabeth des Grafen Hermann VII., mit Otto IV. von Braunschweig-Lüneburg erreichten die Welfen den Anschluss der Grafschaft Everstein an das Herzogtum Braunschweig- Lüneburg.

Wappen: Ein silberner Löwe auf blauem Hintergrund, rot gekrönt und gezungt.

Der historische Kleinstaat „Herrschaft Homburg", südlich des heutigen Nordrhein-Westfalen, existierte von 1276 bis 1806. Einen genauen Hinweis über die Herkunft der Edelherren von Homburg liegt nicht vor. Die Brüder Bodo und Bertoldus de Hoinburche, die ihren Namen änderten und sich Homburg nannten, sind erstmals 1130 urkundlich erwähnt. Zwischen 1129 und 1135 besaßen sie als Lehnsherren Güter im Umfeld der Burg Homburg.

Durch eine Heirat im Jahre 1259 kam die Herrschaft Homburg an die Grafschaft Sayn. Mitte des 13. Jahrhunderts befand sich die Burg ungeteilt in den Händen der Edelherren von Homburg, die zwischen 1260 und 1276 das Schloss Homburg als ihren Adelssitz erbauten. Von diesem Stammsitz aus vergrößerten sie ihre Besitzungen im Osten bis zur Herrschaft Hildesheim und im Westen an die Grenze der Herrschaft Everstein.

Zwischen den Eversteinern und den Homburgern bestand durch die Heirat des Grafen Otto von Everstein mit Agnes von Homburg ein familiäres Verhältnis. Die Streitigkeiten der beiden Herrschaften im Jahre 1228, die mit der Ermordung Bodos von Homburg durch Graf Everstein endeten, wurden durch diese Verbindung bereinigt. Nach dem Tod des Grafen Heinrich von Homburg, der ohne Erben 1449 starb, fielen die Burg und die Stadt an die Grafen von Nassau-Saarbrücken..

Wappen: In Rot ein goldener Löwe

Das so genannte Herzschild (über den Feldern 5 und 8) bleibt ledig und leer (Warteschild) .

Wikipedia

Grafschaft Diepholz (Feld 7 und 10)

Die Herrschaft Diepholz lag im Moor zwischen der Hunte und dem Dümmer See. Im 11. Jahrhundert ließen die Edelherren Thefholte in der Umgebung eine Wasserburg errichten. Im Schutze der Burg entstand die Siedlung Diepholz.

Der Name Thefholte wandelte sich im Laufe der Zeit über Deefholt zu Diepholz. Schon 1160 führte das Geschlecht der Diepholzer Edlen diesen Namen. Sie gehen auf ein sächsisches Adelsgeschlecht zurück und nahmen 1531 den Adelstitel an.

Inmitten eines Moorgebietes ließen sie ein Schloss als ihre Residenz erbauen, das ihnen bis zum Tode des letzten Grafen (1585) als Regierungssitz diente. Das im 12. Jahrhundert erbaute Schloss wurde im 30jährigen Krieg teilweise zerstört und von Herzog Christian Ludwig von Lüneburg-Celle wieder in den alten Zustand hergestellt. Die Kirchenreformation begann in Diepholz 1528.

Im 15. Jahrhundert bedrohten die Herzöge die Eigenstaatlichkeit der kleineren Herrschaften. Sie überfielen 1512 auch die Grafschaft Diepholz. Daraufhin übertrugen die Grafen ihr Eigentum den Welfen und stellten sich damit unter ihren Schutz. 1585 kam die Grafschaft Diepholz zum

Herzogtum Braunschweig-Lüneburg, Es war der einzige Neuzugang in das System der welfischen Territorien. Das Schloss wurde von den Welfen residiert.

Von besonderer geschichtlicher Bedeutung ist die Tatsache, dass Münzen mit dem Wappen und dem Namen der Grafen von Diepholz geprägt wurden. Sie sind noch in einigen Münzsammlungen zu finden. Im 1. Drittel des 14. Jahrhunderts begann die Prägung als Nachahmung der Hohlpfennige aus Bremen. Verschiedene Territorien brachten Münzen in den Umlauf, die nur in ihrem jeweiligen Herrschaftsgebiet Gültigkeit hatten.

Das Wappen der Grafschaft Diepholz besteht aus zwei Feldern. Es zeigt einen roten aufgerichteten Löwen, blau gekrönt mit blauer Zunge auf goldenem Hintergrund. In der unteren Hälfte steht ein rotbewehrter, rotgezungter silberner Adler auf blauem Hintergrund, die Flügel weit ausgebreitet.

Wikipedia

Wikipedia

Grafschaft Lauterberg (Feld 9 und 12)

Grafschaft Hohnstein (Feld 15)

Lauterberg trug bis 1530 den Namen Lutterberg. Der Bau der Burg muss zwischen 1180 und vor dem Jahre 1203 erfolgt sein. Bauherr war vermutlich Graf Sigibodo II., der sich 1183 erstmals nach Lutterberg benennt. In der Zeit zwischen 1190 – 1195 trennte er sich von dem älteren Familienstamm Scharzfeld und begründete eine eigene Linie des Grafengeschlechts von Lutterberg mit dem Verwaltungssitz auf der Burg.

Sigibodos kinderlos gebliebener Sohn Heidenreich starb 1230 und das Erbe fiel an dessen Neffen Burchhard von Scharzfeld, der eine neue Linie der Grafen Lutterberg begründete. Als Graf Heidenreich III. von Lutterberg 1398 starb, gelangte die Herrschaft Lutterberg als Lehen der Herzöge von Braunschweig-Grubenhagen in den Besitz der Grafen von Hohnstein. Sie verblieben dort bis 1593. Der Zeitpunkt der endgültigen Aufgabe der Burg Lutterberg ist unbekannt.

Durch den Edelsinn der Grafen von Lutterberg, die die Armen und Bedrängten beschützten, kam es immer wieder zu Streitigkeiten mit den habgierigen Mönchen des Klosters Walkenriede. Bei einem Treffen des Grafen Hermann von Lutterberg mit seiner Verlobten Hildegard von Scharzfeld fielen die Mönche über sie her und brachten den Grafen ins Kloster, wo sie ihm beide Hände abschlugen und er verblutete. Er hatte es abgelehnt, den größten Teil seiner Besitzungen an die Mönche abzutreten. Hildegard wurde von einem Einhorn gerettet. In sternenklaren Nächten kann man ihr bei der Suche nach dem Grafen Hermann begegnen. Sie weint leise vor sich hin. Wer ihr unbemerkt folgt, kann ihre silbernen Tränen finden und reich werden. (Sage)

Wappen: Lauterberg obere Hälfte

In Rot ein goldener, blau bewehrter und gezungter Löwe Untere Hälfte

Sechsmal rot-golden geteilt

Der Name der Grafschaft Hohnstein geht auf die gleichnamige Burg am Harz zurück, die 1130 erstmals erwähnt wird. Die dort seit 1154 ansässigen Grafen von Ilfeld nannten sich ab 1182 Grafen von Hohnstein. 1238 und

1267 erwarben sie die Grafschaft Klettenburg als Lehen und im 16 Jahrhundert erweiterten sie ihren Besitz mit der Grafschaft Lauterberg und hatten damit Zugriff auf das Bergbaurevier von Sankt Andreasberg. Ihr hochgestecktes Ziel, den Bergbau im Harz zu einer neuen Blüte zu bringen, erfüllte sich jedoch nicht. Die Silberadern im Lauterberger Revier waren nicht mächtig genug, um einen lohnenden Bergbau zu betreiben.

Mit dem Tod Ernst VII., den letzten des männlichen Stammes der Grafen von Hohnstein, ging 1593 deren Herrschaft zu Ende. 1815 wurden sie im Königreich Hannover eingegliedert.

Die Grafen erwarben 1253 die Grafschaft Klettenberg, ein Gebiet im Südharz, hinzu und im 16. Jahrhundert erweiterten sie ihren Besitz um die Grafschaft Lauterberg. Durch Vererbungen und Kriege wechselte die Herrschaft über diese Gebiete recht häufig, bis sie 1803 teilweise welfisch und ab 1815 im Königreich Hannover eingegliedert wurden.

Wappen: Rot-Silber zu zwölf Plätzen geschacht.

Wikipedia

Wikipedia

Grafschaft Hoya (Feld 11)

Grafschaft Bruchhausen (Feld 14)

Nach alten Überlieferungen war der erste Graf von Hoya ein adeliger Räuber, der von den Friesen aus dem oldenburgischen Raum vertrieben wurde und sich mit seiner reichen Beute auf einer Weserinsel eine Burg errichtete. In einer Chronik wird er nur „der Friese“ genannt. In den folgenden Jahren weiteten die Grafen ihr Gebiet weiter nach Süden aus. Ihr Territorium umfasste die gesamte Mittelweserregion . Sie kauften 1338 die Grafschaft Alt-Bruchhausen und wenig später auch die Grafschaft Neu-Bruchhausen und zeitweise gehörte sogar das Kloster Loccum zu ihnen.

1345 wurde die Grafschaft geteilt. Gerhard III. von Hoya übernahm die Hoyaer- und sein Bruder Johann die Nienburger Linie. Sie regierten gemeinsam und wichtige Entscheidungen trafen die Brüder zusammen. 1497 starb die Hoyaer Linie aus und fiel an Nienburg. Diese Linie führte lange Zeit den Bärentatzenschild. Sie zeigen in Gold zwei aufgerichtete schwarze nach außen gewendete Bärentatzen. Die Bärentatzen sind um Nienburg herum heute noch als Bisquitgebäck erhältlich. Die „Nienburger Bärenspur“ mit 500 Bärentatzen auf den Pflastern zeigen den Weg zu den Sehenswürdigkeiten der Stadt.

Im 16. Jahrhundert begann der Niedergang der Grafschaft Hoya. Durch etliche militärische Unternehmungen waren sie hochverschuldet und von den Herzögen von Braunschweig-Lüneburg, die dieses Gebiet erobern wollten, wurden sie stark bedrängt. 1512 besetzten sie die Grafschaft und die Grafenfamilie fand bei ihrer ostfriesischen Verwandtschaft Zuflucht. 1519 kehrten sie zurück und nahmen ihre Grafschaft wieder in Besitz. Als der letze Graf von Hoya 1582 starb, wurde die Grafschaft unter den Welfen aufgeteilt.

Im 12. Jahrhundert herrschte im heutigen Landkreis Diepholz die Grafen von Bruchhausen, die ca. um 1220 ausstarben und als Lehen an die Grafen von Oldenburg kamen. Heinrich III. von Oldenburg und sein Bruder Burchard erbten die Grafschaft Bruchhausen, die sie von 1199 bis zum Tode Burchards gemeinsam regierten. Heinrich der III. fiel in der Schlacht bei Altenesch. Nach seinem Tod im Jahre 1259 erfolgte eine Teilung in zwei verschiedenen Linien. Heinrich der V. wurde Graf von Neu-Bruchhausen, sein Sohn Ludolf erhielt Alt-Bruchhausen. Somit ist Heinrich der III. der Stammvater der neuen Linien.

Die Linie der von Neu-Bruchhausen erlosch mit dem Tod Heinrich V. um 1319. Die Linie von Alt-Bruchhausen erlosch mit Graf Otto nach 1298. 1338 und 1364 kaufte Hoya die Grafschaften und wurden 1582 unter den Welfen aufgeteilt.

Ihre Wappen blieben erhalten, jedoch zu einem zusammengefasst. Es ist geteilt dreimal rot-silbern für Neu-Bruchhausen, achtfach blau-silbern für Alt-Bruchhausen.

Zwei aufgerichtete, nach außen gewendete schwarze Bärentatzen mit roter Bewehrung auf goldenem Untergrund zieren das Wappen der Grafschaft Hoya.

wikipedia

Grafschaft Klettenberg (Feld 13)

Die Grafschaft Klettenberg lag im Gebiet des Südharzes zwischen Bad Sachsa und Nordhausen. Die erste Erwähnung geht auf das Jahr 1187 zurück. Ihr Verwaltungsmittelpunkt war ursprünglich die Burg Klettenberg. Sie war im Mittelalter der Sitz der Grafen von Klettenberg. Die Gebäude der Burg standen auf dem Burgberg, die vermutlich schon 1087 errichtet wurden.

Kaiser Friedrich I. (genannt Barbarossa) belehnte Konrad von Ballhausen für seine Verdienste mit der Grafschaft. Er gilt als der Stammherr der Grafen von Klettenberg. Es kann gesagt werden, dass die Grafen von

Ballhausen wahrscheinlich mit den Grafen von Klettenberg identisch sind, denn sie besaßen Eigentümer in Ballhausen und deren Umgebung. Nachdem die Grafen von Ballhausen verschwunden waren, erschienen die Grafen von Klettenburg.

Der Güterbesitz der Familie war nur sehr klein und konnte durch Heiraten nur im geringeren Maße vergrößert werden. Die weiteren Ausdehnungen von ihrer Stammburg aus wurden von den Grafen von Hohnstein verhindert. Sie eroberten 1219 Teile der Grafschaft und besetzten 1253 die Stammburg. Die Grafschaftsrechte gingen damit an die Grafen von Hohnstein. 1267 wurden auch die letzten Besitzungen der Grafen von Klettenburg von ihnen in Besitz genommen. Während des 30jährigen Krieges begann der Zerfall der Burg, so dass heute nur noch Mauerreste und Kellergewölbe zu besichtigen sind,

Wappen: ein schreitender schwarzer Hirsch auf silbernem Hintergrund.

wikipedia

Grafschaft Blankenburg und Regenstein (Feld 16 und 17)

Die Blankenburg war 1123 im Besitz des Herzogs von Sachsen, bis Poppo I. als Graf von Blankenburg die Residenz übernahm. 1707 wurde die Grafschaft zu einem Fürstentum erhoben und ist seit 1731 mit Braunschweig-Wolfenbüttel verbunden.

Die Burg Regenstein, nordöstlich von Blankenburg. wird 1167 erstmals erwähnt. Im 11. Und 12. Jahrhundert galt das Gebiet beider Grafschaften als

Lehen der Welfen. Mitte des 15. Jahrhunderts wurde die Burg Regenstein aufgegeben und ist heute nur noch eine Ruine.

Die Grafschaft Blankenburg gehörte zu den heutigen Bundesländern Niedersachsen und Sachsen-Anhalt. Durch Erbteilung wurde im 13. Jahrhundert ein Teil als „Grafschaft Regenstein“ abgetrennt. Graf Poppo I. von Blankenburg, der seit 1128 im östlichen Harzgau residierte, vererbte seinem Sohn Konrad I. die Grafschaft Regenstein, sein zweiter Sohn Siegfried I. bekam die Grafschaft Blankenburg. Durch diese Erbteilung sind Regenstein und Blankenburg eng miteinander verbunden.

Ihre Wappen im Schildfuß zeigen noch ihre ehemalige Zusammengehörigkeit. Die Grafschaft Regenstein trägt eine in Silber gehaltene schräg rechts liegende rote Hirschstange, die Grafschaft Blankenburg eine auf silbernem Untergrund schwarze schräg links liegende Hirschstange.

Das Kurfürstentum Braunschweig-Lüneburg lag im Gebiet des heutigen Niedersachsen. Das gesamte Gebiet stand unter der Herrschaft der hannoverschen Linie der Welfen. Ihr großes Wappen setzte sich aus den dazu gehörenden Grafschaften zusammen und bildeten ein Einheit. So war es selbstverständlich, diese Kaminplatte aus dem Jahre 1711 als äußeres Zeichen der Zugehörigkeit mit dem Wappen des Kurfürstentums zu verzieren.

Quellen:

Bernhard Peter, Heraldik: Was ist ein Wappen?
Felder, Komponenten und ihre Geschichte
Wappen, Linien und Territorien der Welfen 1, 2, 3

Wikipedia, freie Enzyklopädie:
Kurfürstentum Braunschweig-Lüneburg
Fürstentum Lüneburg
Herzogtum Braunschweig
Grafschaften: Everstein, Homburg, Diepholz, Lauterberg, Hoya, Klettenberg, Bruchhausen, Hohnstein, Regenstein. Blankenburg

Welfen-Georg I.

Flaggenlexikon

Kaminplatte

Vor 300 Jahren: Alltagsleben in Bienenbüttel Holger Runne

Heute ist kaum vorstellbar, wie sich die Wohnverhältnisse unserer Vorfahren vor 200 oder 300 Jahren gestaltet haben. Die typischen niedersächsischen Bauernhäuser, die auch in unserer Gegend vorherrschten, waren reine Zweckbauten: nicht nur die Menschen lebten unter dem Stroh- oder Reetdach, sondern auch Tiere. Dazu bestand mit der Tenne auch ein größerer Wirtschaftsraum, der besonders in der Winterzeit zu Arbeiten genutzt wurde.

In einem solchem Gebäude lebten viele Menschen. Für das Kirchspiel Bienenbüttel wird davon ausgegangen, dass auf eine Feuerstelle – also das Wohnhaus - durchschnittlich 16 Personen gingen. Noch beengter wohnten die Häuslinge. Nach unserer Auffassung waren dies Tagelöhner oder Kleinhandwerker, die kaum oder nur wenig Ackerland besaßen. In den benachbarten Dörfern der Klei mussten sich mehrere Häuslingsfamilien einen gemeinsamen Wohnraum teilen. Kreidestriche oder andere Markierungen auf dem Boden grenzten den jeweiligen Teil für die einzelne Familie ab. (1) Dann hieß schon einmal: „Komm mi nich öwer dan Strich!" Selbst größere Gebäude wie die frühere Oberförsterei in Altenmedingen-Reisenmoor mit einer Grundfläche von rund 195 Quadratmetern wurde von bis zu acht Familien bewohnt. (2)

Es verwundert nicht, dass solche Wohnverhältnisse sich auf das alltägliche Zusammenleben der Menschen auswirkten. Die staatliche wie auch kirchliche Obrigkeit war daran interessiert, dass die Untertanen nach den vorgegebenen Maßregeln lebten. Doch die Menschen hielten sich nicht immer daran – selbst wenn Strafen drohten. Unter ihnen kam es häufig zu Wortgefechten, die auch in körperlichen Auseinandersetzungen ausarteten. Ohnehin ist festzustellen, dass unsere Vorfahren rasch dazu übergingen, ihre

Meinung mit Schlägen zu „untermauern“. Dies reichte sogar bis in die Familie hinein.

Das Kloster St. Michaelis in Lüneburg war alleiniger Grundherr in Bienenbüttel und zog die Einkünfte und Abgaben ein, war aber auch für die Ahndung von strafbaren Vorfällen auf den Höfen zuständig. Die darüber geführten Verhandlungen wurden in zahlreichen Protokollbüchern festgehalten. Es sind somit durchaus Rückschlüsse auf das Alltagsleben möglich, wenn auch Ereignisse, bei denen sich die Menschen wohl verhielten, nicht erfasst wurden.

Aus den Protokollbüchern des Lüneburger Klosters sollen nachfolgend einige Ereignisse aufgezeigt werden, die sich auf die in Bienenbüttel lebenden Familien des Adam und Ernst Meyer in der Zeit von 1702 bis 1713 beziehen.

Adam Meyer bewohnte eine Kotstelle, die er im Alter von etwa 63 Jahren seinem Sohn Ernst im Jahre 1697 überließ. Bei einer Übernahme wurde im Allgemeinen ein Übergabeprotokoll aufgestellt, dass die Rechte und Pflichten sowohl des Abgebenden wie auch des Übernehmers festhielt. (3)

Adam Meyer hatte auch noch eine Tochter Elisabeth, die körperlich behindert war und auf deren Versorgung das Kloster St. Michaelis großen Wert legte – ohnehin zeigte sich die Leitung des Klosters gegenüber seinen Gutsleuten sehr sozial eingestellt, wie auch andere Vorgänge belegen.

Elisabeth Meyer hatte offensichtlich Anlass, auf der Amtsstube des Klosters vorstellig zu werden. Am 13. Januar 1707 gab sie zu Protokoll (4), dass ihr Bruder Ernst die „bey seiner Verheürathung (5) Ihr järlich abgelobte 2 'Rthl. 16 ß .(6) undt 1 paar Schue nicht geben“ aushändigte. Die Schuhe waren ihr vom Bruder dann gegeben worden, doch wollte „Er weiter Ihr nichts gestehen“. Die Klägerin, vom Amtsschreiber befragt, ob „Sie in der Kohte ihren bruder zu Guthe arbeite“ und ob er ihr „Eßen undt trincken gebe“, bemerkte, dass sie „nemblich ihres krancklichen Zustandes halber“ nur eingeschränkt mithelfen könnte, im Übrigen mit Verpflegung versorgt würde.

Ihr Bruder Ernst Meyer, der bei der Verhandlung anwesend war, wurde nun befragt, „warumb Er seiner Schwester nicht das Versprochene an Geldt undt Schuen gebe“. Er erkannte die Geldzahlung an, jedoch nicht die Lieferung der Schuhe. Dazu führte er aus, dass seine Schwester zunächst in der Kate nicht hätte arbeiten wollen. Trotzdem hatte seine Frau ihr die zugesagten Schuhe und dazu „etwas Leinwand zuwenden“ wollen, was aber von seiner Schwester zurückgewiesen wurde. Ergänzend brachte er vor, dass seine Schwester nach dem Tode ihrer Mutter Regina (7) ihm aus deren Nachlass an „Hausgeräthe undt Leinen“ nichts gegeben, sondern für sich behalten hatte. Allerdings gab er zu, dass ihre Mutter „dieserwegen vor ihrem ende nichts verordnet“ - also kein Testament gemacht hatte. Elisabeth Meyer bestätigte diese Tatsache, verwies aber darauf, dass „Sie wegen ihrer Kranckheit halber, indehm Sie sehr mit dem Unglück behafftet, nicht allerhandt arbeit verrichten“ könnte. Elisabeth Meyer bot aber an, sollte der Bruder ihr Spinnarbeiten geben, so würde sie diese Arbeit gern verrichten.

Das Kloster St. Michaelis kam zu diesem Ergebnis: Der Klägerin Elisabeth Meyer wurde aufgegeben, „so viel ihr gebrechlicher Zustandt zuläst“, Arbeiten zu verrichten. Ernst Meyer dagegen durfte ihr an Arbeiten nicht mehr zumuten, als „ihre *Constitution* vermag“. Sollte sie nicht alle Arbeiten ausführen können, hatte er deswegen „zufrieden“ zu sein, sofern sie vom gelieferten Flachs genügend Garn spinnen würde. Dazu hatte er sie mit „gebührender Nahrung“ zu versehen und ihr jährlich zwei Reichstaler zu „ihrer Kleidung unwegerlich“ zu geben. Beide Parteien wurden ernsthaft ermahnt, sich zu vertragen, „welches Sie beyderseits zu thun angelobet“.

Dieses Versprechen wurde wurde offenbar nicht immer eingehalten und führte zu erheblichen Weiterungen. Das Kloster St. Michaelis hielt laut Protokoll vom 25. Mai 1713 (7) fest, dass „Elisabeth Meyers von bienbüttel“ abermals gegen ihren Bruder Ernst und nun auch dessen Frau Clara

Elisabeth klagte. Beide hatten die Klägerin zu körperlich anstrengenden Webarbeiten angehalten. Die Klägerin gab an, diese Arbeit nur vornehmen zu wollen, wenn ihr zusätzlich ein „Oberhembde“ gegeben würde. Darauf hatte ihre Schwägerin so geantwortet: „Sie wolte ihr *sal: ven*: (8) sonst was thun“. Ihr Bruder hatte gedroht, wenn sie nicht weben wollte, würde er „dieser undt jener zerschlagen“. Dieser Drohung setzte er dann um. Auf ihre Weigerung hatte „Ihr bruder ein dick strick genommen, undt Sie damit erstlich ümb die Rippen undt nachgehends mit den feüsten braun undt blau ins gesicht geschlagen undt Sie blutig gekratzet“. Weiter hatte er sie „vom Tisch gewiesen'“, also die zugesagte Verpflegung verweigert. Damit verwies die Klägerin auf die mehrfach getroffene Regelung, sie mit freiem Essen und Trinken zu versorgen. Auch die vom Kloster ihr zugebilligten zwei Reichstaler waren über drei Jahre nicht gezahlt worden. Elisabeth Meyer bat nun darum, dass ihr neben der freien Verpflegung und der Geldrente „ein gewißes überhaupt gegeben werden möge“, da sie dann zusehen wollte, „wo sie unter kommen undt sich brodt verschaffen“ könnte – somit letztlich aus der Kate ausziehen wollte.

Das Kloster St. Michaelis wies nun Ernst Meyer an, seinen eingegangenen Verpflichtungen strikt nachzukommen. Wegen der Schläge und Beschimpfungen wurden weitere Untersuchungen angeordnet, um eine Entscheidung „bey nechst abzuhaltenden Landtgerichte“ eine Strafe auszusprechen. Das liest sich in einem Protokollauszug so (9):

1713 – Als Elisabeth Meyers zu Bienbüttel geklaget, daß ihr Brudser Sie so übel *tracti*ret, mit einen dicken Strick ümb die Rippen geschlagen und blutig ins Gesicht gekratzet.

Sind *partes* (10) vorgefordert, undt soll Bekl: nach Klagl: geführtem genugsahmen Beweis zur Straffe gesetzet werden.

Ob und in welcher Höhe eine Bestrafung erfolgte, ergibt sich nicht aus den Unterlagen.

Eheliche Auseinandersetzung

Gewalttätigkeiten kamen in der Familie Meyer öfter vor. Nicht nur Ernst Meyer, der ein Schlachter war, neigte dazu, sondern auch sein Vater Adam – bei ihm handelte es sich offensichtlich nicht um ein unbeschriebenes Blatt. Bereits am 19. Juli 1709 nahm der Amtsschreiber von St. Michaelis eine Beschwerde seiner Schwiegertochter auf, die Adam Meyer vorwarf, dass er „nicht allein stets ein übles Leben führte und ihr vielen *molest* (11) im Hauße machete". Vielmehr hatte er sie kürzlich mit einer Forke und einem Besenstiel geschlagen.

Weiter klagte Clara Elisabeth Meyer darüber, dass „des Adam Meyers Tochter, als welcher sie nebst dem Vatter Eßen und Trincken an ihren Tisch, der Tochter auch Lohn und Brodt" zu geben hatte, ihr nicht im Hauswesen helfe. Sie bat daher das Kloster um „Obrigkeitliche *assistence*". (12)

Nun wurde Adam Meyer zur Anhörung vorgefordert. Er musste den Sachverhalt zugeben, entschuldigte sich damit, dass die Klägerin zuerst seine Tochter geschlagen hatte und ihn „mit dem Meßer stechen wollte“. Dies bestritten die Klägerin und ihr Mann Ernst Meyer. Wohl hätte sie ihre Schwägerin „beym arm gefaßet, das sie spinnen solte“, was Adam Meyer zum Anlass nahm, gewalttätig zu werden.

Bescheidt

Weiln Adam Meyer Klägerin nicht allein zuerst mit dem Besenstiehl sondern auch noch mit der Forcke geschlagen, So ist Er *condemn*iret (13) in 1 rtl. 8 ggr. (14) Straffe und wird daneben ihm anbefohlen, Friede im Hauß zu halten, wiedrigenfalls Er mit Leibesstraffe beleget werden solle.

Auch ist seiner Tochter Befohlen, daß, ob sie gleich kräncklich, dennoch so viel sie kan, mit spinnen undt ander Arbeit im Hauße behülfflich seyn solle.

Hingegen ist auch der jetzigen Wirthin angedeütet, daß der Tochter das versprochene Lohn als 2 rtl. jährlich auff Michaelis (15) nebst nothürfftigen Unterhalt an ihren Tisch gegeben werde solle...“

Dieser Entscheidung waren Ernst Meyer und seine Frau nicht einverstanden. Mit die erklärten, dass Adam Meyer die Geldstrafe nicht aufbringen könnte, also letztlich sie bezahlen müssten. Da er nicht über Geldmittel verfügte, waren sie deshalb schon gepfändet worden. Das Kloster ging auf diese Vorstellungen ein. Die Adam Meyer diktierte Strafe wurde dahin geändert, „daß Er etzliche stunden im Gefängnis gebracht“ wurde.

Um welche Krankheit es sich bei Elisabeth Meyer handelte, kann den verschiedenen Vorgängen des Klosters St. Michaelis nicht entnommen werden. Es scheint aber, dass sie leichte körperliche Arbeiten verrichten konnte. Dies ergibt sich aus einer Verhandlung am 24. Januar 1702 (16). Die Bienenbütteler Einwohner Kleinschmidt, Adam Meyer und Hans Linde hatten sich wegen des Verkaufs von Tabak, Seife und anderer „Kauffmans Wahren zu feilen Kauff“ zu verantworten. Durch Bienenbüttel führte eine stark befahrene Handelsstraße von Lüneburg nach Braunschweig, Magdeburg und Leipzig. Mit den Fuhrleuten einen kleinen Handel zu machen, war doch wohl recht verlockend.

Für Adam Meyer waren dessen Frau erschienen. Sie erklärte, dass ihre Tochter, „so mit das Unglück behafftet, wol dan u. wan vor einen Witten (17) Toback verkauffet ümb sich davon zu erhalten“. Offenbar war Elisabeth Meyer bestrebt, über die zwei Taler ihres Bruders weiter an Geld zu kommen.

Der Verkauf solcher Waren stellte einen Verstoß gegen die „Policey=Ordnung“ dar und wurde vom Bienenbütteler Amtsvogt verfolgt. Auf seine Anordnung hatte der Untervogt den „Taback u. etwas weisBrodt weggenommen“. Das war erstaunlich, da Weißbrot nicht alltäglich war. Adam Meyer hatte vergeblich dagegen Einspruch erhoben, da seine Kate dem Kloster St. Michaelis gehörte und somit der Amtsvogt darüber keine Befugnisse ausüben konnte. Jedoch erhielt Elisabeth Meyer wenige Tage danach, als sie „aus der AmbtsVoigdthey Bier hohlen“ wollte, den beschlagnahmten Tabak – immerhin ein Pfund – auf Anordnung des Amts Winsen zurück.

Das Kloster bemängelte, dass der Vorfall nicht sofort gemeldet worden war und verhing eine gebührende Geldstrafe. Dazu wurde den Bienenbüttelern aufgegeben: „Sie sollen sich hinführo aller Verkaufferey enthalten wan Sie diese Wahre losgeschlagen...“ In Lüneburg drückte man wahrlich ein Auge zu, da die Ware in Bienenbüttel noch verkauft werden durfte, verbot aber weitere Verkäufe. Und ein weiteres Auge wurde zugedrückt, da die „straffe Ihnen doch nachgehends auff vieles bitten das mahl erlaßen“ wurde.

So großzügig war man in Lüneburg nicht, als es um einen Vorfall mit Ernst Meyer ging, der augenscheinlich keiner Schlägerei aus dem Wege ging.

Unter dem 15. November 1702 (18) notierte der Schreiber des Klosters St. Michaelis, dass in Pollmeyers Wirtschaft in Bienenbüttel es zwischen „Hanß Niemeyern von Eitzen, Ernst Meyer von bienbüttel undt Pollmeyers beyden Knechten“ Stoffer Früchtenich – auch als Früchte verzeichnet - und Detlev Clement zu „Wohrden streit undt Schlägerey“ gekommen war. Die Beteiligten wurden nach Lüneburg befohlen, dort vernommen und – da sie die Schlägerei nicht abstreiten konnten - „zur straffe gesetzet“. Niemeyer und Ernst Meyer hatten als *anthores*, also Anfänger, je einen Reichstaler zu zahlen, während die beiden Knechte jeder mit 16 Schillinge davon kamen. Doch hatte Detlev Clement für Schimpfworte noch einen halben Taler extra zu entrichten.

Zum Streit war es gekommen, weil Detlev Clement den Hans Niemeyer und andere Gäste im Krug als „Schelm und bernheüter“ beschimpft hatte. Auch Niemeyer hielt sich nicht zurück und spottete über die zur Musik tanzenden Bienenbütteler: „Nun sie keine Mädtgens haben, müsten sie miteinander tantzen.“ Darauf wurde er zu einer „handgreiflichen“ Klärung aufgefordert, was er ablehnte. Der eine Tänzer wäre ihm zu jung, und dann bezeichnete er den anderen – nämlich Ernst Meyer – als „HühnerPlücker und Pantzen ;Klopper“. Ernst Meyer, der ja als Schlachter arbeitete, antwortete mit einer Ohrfeige. Eine weitere Eskalation konnten andere Gäste verhindern, indem sie Niemeyer zurückhielten.

Auch der Wirt Pollmeyer wurde vom Kloster St. Michaelis nicht vergessen Da er pflichtwidrig die Schlägerei in seinem Haus nicht gemeldet hatte, durfte er zwei Reichstaler an Strafe erlegen .

Ernst Meyer scheint eine impulsive Person gewesen zu sein, da er nicht nur innerhalb seiner Familie gewalttätig wurde, sondern auch mit dem Nachbarn. Wie damals die Leute in einem Wohnhaus beengt zusammen lebten, so waren auch die Grundstücke vom Umfang her recht klein, so dass es oft zu Streitigkeiten unter den Nachbarn kam.

Am 29. Januar 1706 erschien der Bienenbütteler Schmied Tielo Neustadt (19) auf der Amtsstube des Klosters St. Michaelis und trug eine Beschwerde vor. (20) Er beschuldigte Ernst Meyer, seinen Nachbarn, mit einer Peitsche in der Hand in seine Kate gestürmt zu sein, ihn und seine Familienangehörigen „geschmähet undt gescholten“ zu haben. Dann schlug Meyer auf ihn, seine Frau und deren Bruder mit der Peitsche ein. Dabei wurde Neustadt „wie der Augenschein ergebe, noch im Gesicht davon blutig“ getroffen. Als Ursache für diese Tat vermutete er, dass seine Frau, die als ein „armes Kindt bey Ernst Meyer auferzogen“ worden war, sich diesem gegenüber ungebührlich benommen hatte. Neustadt räumte ein, dass sie „wegen Ihres losen Maules“ von Meyer angegangen wurde. Weiter führte er aus, dass Meyers Frau Clara Elisabeth, die mitgekommen war, seine Töchter beschimpfte, indem sie behauptete, dass „beyde Töchter auch gleich der älteren Huhren werden würden“.

Ernst Meyer, der zugegen war, erklärte, dass die Dorothea Neustadt in sein Haus gekommen war und „darin allerhand Gewalt verübet“ hatte, die er jedoch im Einzelnen nicht belegen konnte. Er stritt nicht ab, mit der Peitsche in Neustadts Kate gegangen zu sein und dort „anfänglich die frau geschlagen“ zu haben. Als ihr Bruder Hans Schmidt dazwischen ging, hätte er auch diesen traktiert. Ernst Meyer betonte aber, Tielo Neustadt nichts getan zu haben. Vielmehr hätten Neustadt und Schmidt ihn „zur Erde nieder gerißen, Steine ergriffen undt Ihn damit zu Leibe“ gewollt. Aber es wäre ihm und seiner Frau nun gelungen, Neustadts Kate zu verlassen und in die ihrige zu gehen

Meyers Frau Clara Elisabeth trug noch vor, dass sie Neustadts Kate deshalb aufgesucht hatte, um den Vorwurf der „Neustädtsche, welche vorgegeben, daß beklagtin nicht ehrlich undt Ihre Schwester mit dem Reüter davon gelauffen“ (21) zu klären. Tielo Neustadt wandte darauf ein, dies wäre lediglich ein Vorwand, mit dem die „beklagte Ihre verübte bosheit zu bemanteln“ versuche. Er verwies auf das Eingeständnis des Ernst Meyer, der „aber solche Gewalt in Kläg: haus verübet“ und ihn verletzt hatte. Meyer tat dies als Lappalie ab, da „es ein selbst gemachter Schade sey, welcher bey weiten nicht so gros als Kläg: selbigen mache“. Im übrigen hätte Neustadts Frau die ganze Auseinandersetzung provoziert.

Das Kloster St. Michaelis entschied diesen Streitfall so: „Weil Klägers Frau in beklagten Haus gangen, daselbst ein Mädgen geschlagen undt sonst Dinge geredet, welche Sie nicht erweisen" konnte, wurde sie mit einem Reichstaler Strafe belegt. Ernst Meyer dagegen wurde mit vier Taler bestraft, da er „nebst seiner Frau gewaltsahmer Weise in Klägers Haus gefallen" und die Bewohner „so übel *tractir*et undt zum theil geschlagen, zum theil aber *injuir*et" (22) hatte.

Doch dies schien die Kontrahenten für die Zukunft nicht zu beeindrucken. Noch 1709 hielt das Kloster fest, dass Tielo Neustadt und seine Frau, die sich mit „Adam Meyern gescholten undt dieser jenes Frau geschlagen" hatten. Dafür durfte jeder von ihnen einen halben Reichstaler an Strafe aufbringen. Dafür, dass Adam Meyer die Vorladung zum angesetzten Gerichtstermin nicht befolgte, sollte er einen Taler bezahlen.

Schon einen Monat später, am 26. Februar 1709, übergaben Tielo Neustadt und seine Frau dem Kloster St. Michaelis ein „Memoriall" (23) , mit dem sie sich über Adam Meyer beschwerten. Dieser hatte an der Schmiedekate „mit Vorsteckung einigen Busches" ihnen die Nutzung der „Hölzernen Flügel Laden am Fenster, welche Sie doch von so vielen Jahren gehabt, itzo nicht dulden" wollen. Durch die Bepflanzung könnten sie nun die Fensterladen nicht mehr nutzen. Dazu hatte Adam Meyer, als die Neustadts dieses Vorgehen beanstandeten, die „Neustadtsche nicht allein sehr gescholten sondern auch eine Ohrfeige gegeben". Tielo Neustadt trug weiter vor, dass Adam Meyer Neustadts „Mißen" (24) eingesperrt hatte, zu "welchem ende Er einen großen Stein angetücket welcher Ihme allerhandt verhindernis" machte.

Adam Meyer gestand ein, dass bereits der Vater des Klägers Neustadt die Fensterläden angebracht hatte. Doch könnte er wegen der Kinder des Klägers, „welche allemahl daraus undt einstiegen kein Friede" haben. Um das zu unterbinden, wären die Büsche gepflanzt worden. Und wegen des

Misthaufens wäre der Kläger ihm immer zu nahe gekommen, so dass er die „Grenze" mit einem Stein markiert hätte.

Auf der Amtsstube des Klosters wurde beschlossen, dass es wegen der Fensterläden beim alten Zustanden bleiben müsste. Adam Meyer wurde also aufgefordert, das Gesträuch wieder zu entfernen. Weiter ordnete das Kloster an, dass wegen des Misthaufens sein Vogt in Grünhagen die Stelle besichtigen und darüber berichten sollte. Sodann wollte man eine Entscheidung treffen.

Dafür aber, dass Adam Meyer Neustadts Frau eine Ohrfeige gegeben hatte, musste er „1 rth. , desgleichen daß Er auff die zu erst an Ihn ergangene *Citatiton* (25) ausgeblieben gleichfals 1 rth. Straffe erlegen".

Dass bereits im Jahr 1707, als der Klostermeier Hinrich Köke, Ernst Meyers Frau und die Frau des Tielo Neustadt sich unter einander beschimpft hatten, alle jeweils mit einem halben Reichstaler Strafe belegt worden waren, gehörte offensichtlich zum '"guten Ton" der Bienenbütteler im damaligen alltäglichen Umgang miteinander. (26)

Anmerkungen:

.(1). . Hans v.d. Ohe: Das Gesicht des Kreises Uelzen (1963), S. 99
.(2). .Karl Meyer: Heimatkunde des Kreises Uelzen (1931) S. 453
.(3). . Das Protokoll für den 13. Januar 1697 ist im Stadtarchiv Lüneburg, das Unterlagen des Klosters St. Michaelis aufbewahrt, nicht aufzufinden.
.alte Signatur Mich. Rep. Loc. 47 Nr. 2. Die Unterlagen wurden im Stadtarchiv Lüneburg vor der digitalen Erfassung eingesehen. Daher werden nachfolgend stets die alten Signaturen angeführt..

.(5). . laut Ortsfamilienbuch Bienenbüttel am 24.10.1704 mit Clara Elisabeth Meier
.(6).- ..Rthl. = Reichstaler; ß = Schilling. Auf einen Reichstaler gingen 32 Schillinge oder 288 Pfennige
.(7). Sign. Mich. Rep. Loc. 48 Nr. 1.
.(8). . .sal: ven: = salva venia, d.h. mit Verlaub (zu sagen)
.(9). - Sign. Mich. Rep. C 5 Nr. 12 – Ex Protocollo Lit: O
.(10). .partes = Parteien
.(11). .molest = Belästigung
.(12). .assistence = Hilfe, Beistand
.(13.). condemniren = verurteilen
.(14). ..ggr. = gute Groschen; es gingen 24 auf einen Taler
(15). ..29. September
.(16). .Sign. Mich. Rep. Loc. 47 Nr. 1
.(17). ..Witte (s.v.w. Weiße) = Münze von geringem Wert
.Sign. Mich. Rep. ;Loc. 47 Nr. 1.
so in Protokollen der Jahre 1699 – 1709. Im Ortsfamilienbuch Bienenbüttel wird N. als Tile Niestadt geführt
.Sign. Mich. Rep. Loc. 47 Nr. 2 .
nicht ehrlich = d.h.nicht im Ehestand gezeugt und geboren; damals eine der schlimmsten Beleidigungen
mit dem Reüter davon gelauffen = s.v.w die Familie in Stich gelassen
.(22). . injuriren = .beleidigen
.(23).-.Sign. Mich. Rep. Loc. 47 Nr. 3
.(24). ..Mißen = Misthaufen. Diese wurden vor dem Wohnhaus direkt an der Straße angelegt.
.(25). .citation = Vorladung, Aufforderung
.(26). .Sign. Mich. Rep. C 5 N r. 12

Bienenbüttel mit Stift und Feder Klaus Wedekind

Zeichner und Zeichnungen aus Vergangenheit und Gegenwart

Im Zeitalter digitaler Bildtechnik wächst die Zahl verfügbarer und neu entstehender Bilder täglich, unüberschaubar und fast grenzenlos. Auch alles, was bisher im Laufe der Geschichte als Bild in welcher Technik auch immer geschaffen wurde, ist ohne Aufwand digital verfügbar.

Diese Entwicklung begann vor ca. 160 Jahren mit der Erfindung der Fotografie, anfangs noch eine sehr langsame und aufwendige Technik. Vorher gab es schon Techniken zur begrenzten Vervielfältigung von Bildern: Holzschnitt, Kupferstich, Radierung, Lithographie. Grundlage dieser Techniken war immer das handgezeichnete oder handgemalte Bild – mit Stift, Feder oder Pinsel, ein Original, ein Unikat.

Und wozu dienten Bilder, insbesondere vervielfältigte? Zu allererst zur Illustration von Geschriebenem, zum Beispiel der Bibel, literarischen Texten, Geschichtsbüchern, Schulbüchern usw. , zum Anderen dienten Bilder dem Zeichner zum Festhalten von für ihn Bedeutendem, sei es Natur oder Geschaffenes, Personen, oder auch Geplantes und Gedachtes; nicht zu vergessen sei auch das Dekorative, das Schöne, das Schmückende.

Viele dieser Bilder schlummern teils seit Jahrhunderten in Sammlungen und Archiven im öffentlichen und im privaten Bereich, ohne dass sie zur Klärung und Deutung von Vergangenheit genutzt werden.

Dem Wiederentdecken und öffentlich machen soll die folgende „Bildergeschichte“ – begrenzt auf Bienenbüttel dienen. Alte und neue Zeichnungen werden präsentiert und Wissenswertes und Bekanntes als Information dazugegeben. Der Deutung und der Einordnung in geschichtliche Zusammenhänge sollen auch Informationen über den Zeichner dienen.

Doch auch in der noch selbst erlebten Vergangenheit bis in die Gegenwart hinein gibt es Zeichner und Zeichnungen zu Bienenbüttel und seinen Ortsteilen. Die Wertschätzung der Zeichenkunst hat sich durch die Jahrhunderte bei Zeichnern und Interessierten bis in die Gegenwart erhalten – trotz Fotografie und smart-fon.

Noch eine Begrenzung sei hier genannt: Auch gemalte Bilder in Öl, Acryl oder Aquarell bleiben im Folgenden außeracht, sollten aber in einer späteren Bearbeitung Thema sein.

Ludwig Albrecht Gebhardi. 13. 5. 1735 – 16. 10. 1802 [1])

Zeichner der bienenbütteler Kirche

Dieser erste bisher bekannte Zeichner Bienenbüttels war zu seiner Zeit ein bekannter und berühmter Mann: In Lüneburg geboren besuchte er dort die aus dem Kloster Michaelis hervorgegangene Ritterakademie, studierte an der Universität Göttingen und wurde 1765 Lehrer an der Ritterakademie. Ab 1787 wurde er königlich großbritanisch-hannöverscher Rath. Ab 1799 war er als Biblithekar, Archivar und „Hofhistoriograph“ in Hannover tätig. Dort verstarb er, 67 Jahre alt, 1802.[2)]

Er veröffentlichte zu Lebzeiten viele Schriften zur Geschichte verschiedener, europäischer Staaten, die Geschichte des Klosters Michaelis wurde erst lange nach seinem Tode 1858 veröffentlicht. Ein besonderes Opus,

Gebhardis Collektaneen wurde gar nicht veröffentlicht. Es handelt sich um eine Handschrift von 50 Bänden. Darin hatte er alles für ihn Interessante völlig zufällig, unsystematisch und ungeordnet zu Papier gebracht, und zwar in Texten und in einer Flut von Skizzen und Zeichnungen. Das Original dieser Collektaneen ist im 2. Weltkrieg verschollen, doch es gibt Kopien, eine in der Ratsbibliothek Lüneburg.

In Bienenbüttel fand die Kirche sein besonderes Interesse. Die folgenden Zeichnungen zeigen neben einem Grundriss die Kirche von allen Seiten, auch die Beschädigungen am Turm sind deutlich zu erkennen. Die Kirche war1564 renoviert und erhielt 1701-1702 einen neuen Turm aus verputzten Findlingsturm.[3])

Alte Kirche Bienenbüttel um 1780 Ansicht von Süden, Eingang neben dem Turm

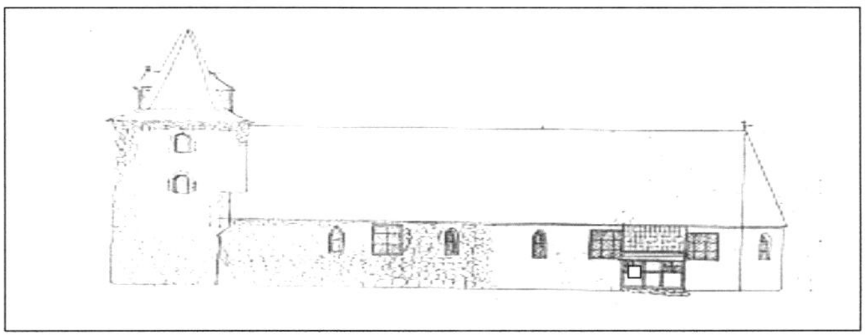

Kirche Rückseite, die Schäden am Turm hat Gebhardi deutlich gezeichnet

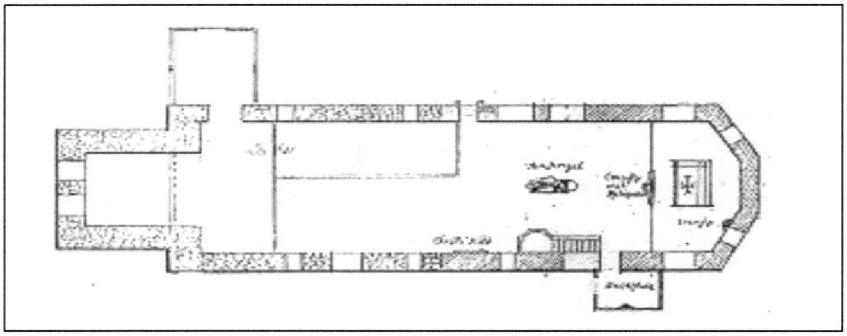

Grundriss der Kirche, Turm links

Kirche, vom Chor aus gesehen

Kirche vom Turm aus gesehen

Kl. Fischer Zeichner der Schlosses Grünhagen

Der Zeichner von Grundriss und Ansicht des Schlosses Grünhagen ist ***Kl. Fischer***, seine Zeichnungen sind auf das Jahr 1785 datiert. Von den beschrifteten Zeichnungen fand sich im Gemeindearchiv Bienenbüttel eine Fotokopie, deren Herkunft nicht zu klären war.[4]) Über diesem Zeichner konnte nichts gefunden werden.

Schloss Grünhagen wurde 1578 – 1580 von dem zweiten lutherischen Abt des lüneburger Klosters Michaelis, Eberhard von Holle, erbaut. Seit dem 14. Jahrhundert bestand dort ein Abteihaus, 1350 kam eine Kapelle dazu. Sie wurde in das Schloss integriert. Das Schloss stand bis etwa 1710 und verfiel dann. Die Kanzel der Kapelle kam in die Kirche in Neetze, eine Glocke in die Kirche Bienenbüttel.[5)]

Die Bildbeschriftung Fischers lauten.

„Ansicht des Schlosses und Vorgebäuder zu Grönhagen nach Anleitung des Grundrisses und der Beschreibung alter Leute daselbst 1785 gezeichnet von Kl. Fischer"

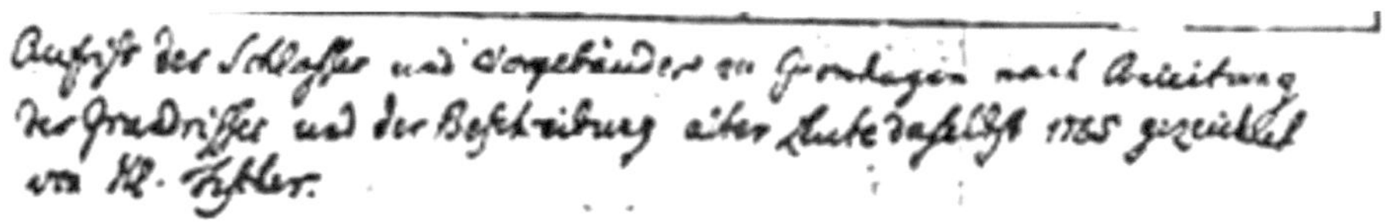

Die Überschrift zum Grundriss lautet: *„Grund des Schlosses Grönhagen nach den sichtbaren Ruinen 1789 von Kl. Fischer aufgenommen*"

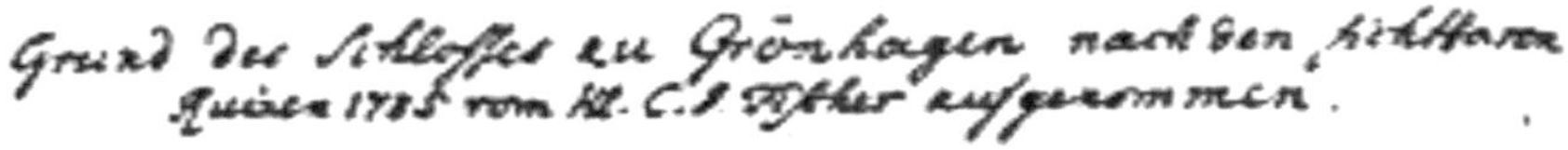

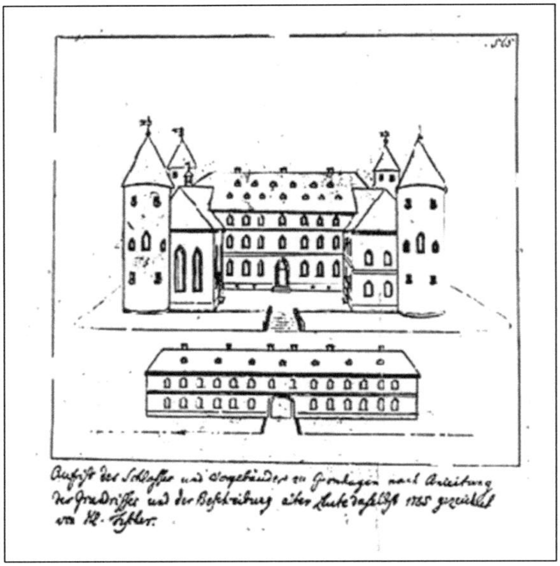

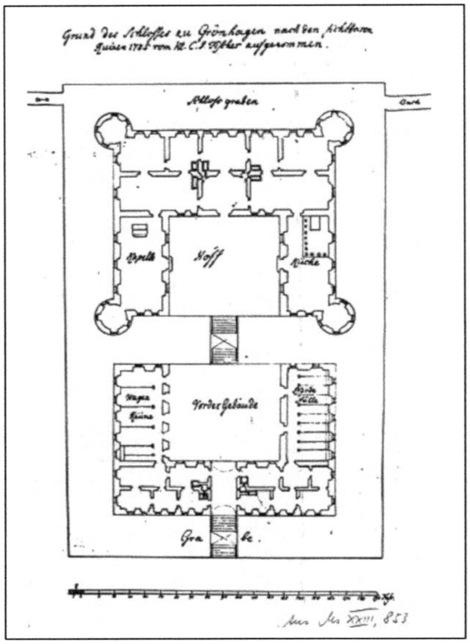

In den Collektaneen von Gebhardi finden sich beide Zeichnungen mit geringen Abweichungen, aber ohne die Texte von Fischer. Stattdessen beschriftet sie Gebhardi folgendermaßen:

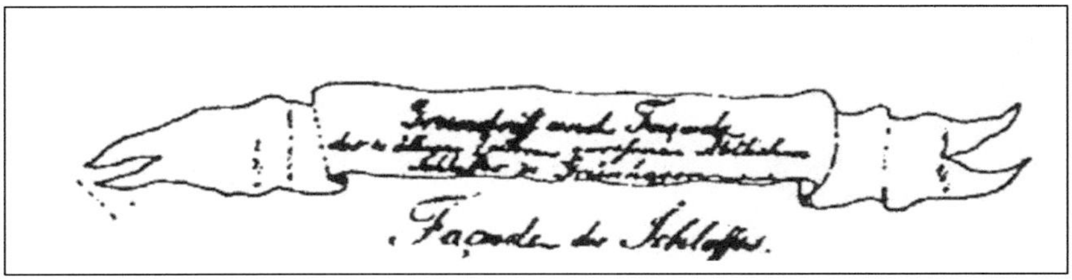

Georg Heinrich Wilhelm Blumenbach 1780 – 1855[6])
Der Zeichner der riester Hühnenbetten

Georg Heinrich Wilhelm Blumenbach war der Sohn des berühmten göttinger Völkerkundlers Professor Johann Friedrich Blumenbach. Leider ist von ihm persönlich wenig bekannt. Er gehörte zu den frühen wissenschaftlich orientierten Fachleuten für Geschichte und Archäologie am Beginn des 19. Jahrhunderts. So hat er von Beginn (1819) an in der Zeitschrift des „Vaterländischen Archivs“ und später in der Zeitschrift des „Historischen Vereins für Niedersachsen“ bis zu seinem Tode (1855) 35 Artikel zu historischen und archäologischen Themen veröffentlicht. Zeitweise war er auch Mitglied der Redaktion dieser Zeitschrift.
Für Bienenbüttel, genauer für den Ortsteil Rieste, ist Blumenbach von besonderer Bedeutung. Auf einer Reise durch die Lüneburger Heide im Mai 1820 kam er nach Rieste, damals Amt Medingen, und fand dort im Ort und in der näheren Umgebung 15 mehr oder minder gut erhaltene Megalithgräber, in seiner Ausdrucksweise „Hünenbetten“.

Megalithgrab bei Rieste nach Blumenbach

Er blieb 14 Tage und beschrieb und zeichnete die Gräber. Diese Aufzeichnungen wurden Teil eines umfangreichen Manuskripts, wie bei Gebhardi Collektaneen genannt. Auch dieses Manuskript ging im 2. Weltkrieg auf ungeklärte Weise verloren. Von den Rieste betreffenden Darstellungen haben sich aber Abschriften und Nachzeichnungen erhalten.

Den folgenden Zeichnungen liegt eine Abschrift des Landesmuseums Hannover, besorgt von Hanns Gummel, zugrunde. Für das Lüneburger Museum bearbeitete 1939 Käthe Kühn eine Zusammenstellung. Eine Durchschrift erhielt Frau Frieda Harms von Herrn Dr. Körner, Museumsdirektor in Lüneburg. Eine Kopie dieses Exemplars liegt im Gemeindearchiv Bienenbüttel. Diese liegt den folgenden Darstellungen zugrunde.[7])

Im Rahmen einer umfangreichen Veröffentlichung hat Pascal Richter neue archäologische Untersuchungen zu den gezeichneten Hünenbetten dargestellt, und alle Zeichnungen veröffentlicht.[8])

Von den beschriebenen Gräbern ist heute keines mehr erhalten, sie wurden im 19. und 20. Jahrhundert zerstört.

So geben diese Zeichnungen Zeugnis davon, dass die Region Bienenbüttel schon in der Steinzeit besiedelt war.

Dieses ist eine zeichnerische Rekonstruktion eines Hühnenbettes, das gab es so in Rieste nicht

Reste eines Grabes mitten im Ort. Die Figur rechts macht die Größe der Steine deutlich. Die handschriftlichen Notizen oben auf der Zeichnung stammen von Dr. Gerhard Körner, Leiter des Museums für das Fürstentum Lüneburg

Josef Burget

Zeichner der neuen bienenbütteler Kirche

Die Michaeliskirche Bienenbüttel in ihrer heutigen Gestalt, gezeichnet 1950 von dem damaligen Rektor der Volksschule Bienenbüttel ***Josef Burget, geb. 15. 04.1892*** in Hohenstadt.[9]) Weiteres ist zu Josef Burget nicht bekannt. Dies scheint auch die einzige Zeichnung zu sein, die erhalten ist. Das ist sicher auch Verdienst von Otto Ditmer: Er hat die Zeichnung gedruckt und auf dem Bienenbütteler Weihnachtsmarkt verkauft.[10])

Noch einmal ist die Michaeliskirche gezeichnet worden. Anlass war die 650 Jahrfeier der Reformation 1957. Zwei Zeichnungen zieren die Einladung zur Festveranstaltung. *Leider ist der Zeichner unbekannt.* Vorlage für diese Zeichnungen waren wahrscheinlich alte Fotopostkarten. [11])

Neues Kirchenschiff mit altem Turm und Brücke (vor 1907)

Neuer Kirchturm von 1907

H. Wehlisch

Radierer des Vogteigebäudes

Das Vogteigebäude ist eines der ältesten Profangebäude Bienenbüttels . Seine heutige Gestalt bekam das Haus 1659. Es steht inzwischen unter Denkmalsschutz. Die Abbildung zeigt eine Ansicht um 1900 als Radierung von dem Graphiker Wehlisch. Sie erschien in den 50iger Jahren in einer Graphikmappe für den Landkreis Uelzen, herausgegeben von der Kreissparkasse Uelzen. Leider ist über den Künstler nichts Näheres bekannt.[12])

Bienenbüttel, Altes Vogteihaus um 1900 Wehlisch

Fritz Hildebrandt

Zeichner der Kirche Wichmannsburg

Die Kirche in Wichmannsburg ist wohl das älteste Gebäude Bienenbüttels, doch über das genaue Alter und die Geschichte des Gebäudes ist wenig bekannt. Die hier verwendete Zeichnung stammt von dem Hamburger Maler Fritz Hildebrandt, entstanden wohl Mitte des vorigen Jahrhunderts. Er soll öfter zu Gast im Gasthof Maack gewesen sein. Vorlage für die folgende Abbildung ist eine Postkarte, die der Wirt des Gasthofs, Heinrich Maack, in seinem Verlag Dorfkrug herausgegeben hat.[13])

Wichmannsburger Kirche von der Ilmenau aus gesehen

Silvio Alexander Schuch

Zeichner von bargdorfer Ansicht

1991 feierte der Ortsteil Bargdorf 700jährige Ersterwähnung des Ortes. Aus diesem Anlass wurde ein Kalender für das Jubiläumsjahr 1991 mit gezeichneten Ortsansichten herausgegeben. Die einzelnen Ansichten aus dem Kalender wurden auch als Postkarten gedruckt. Die zwei Zeichner wohnten zu dieser Zeit in Bargdorf.[14])

Fachwerkhaus von 1852 – hier die Ansicht 1990, heute Wohnhaus der Familie A. u. D. Giere. Zeichner war Silvio Alexander Schuch aus Brasilien, er war zu dieser Zeit Praktikant auf dem Hof W. Giere.

Gesa Wedekind

Zeichnerin bargdorfer Ansichten[15])

Hof in Bargdorf von 1862 /1870, in den 50iger Jahren Gasthaus Schröder, seit 1987 Wohnhaus der Familie A. u. K. Wedekind. Tochter Gesa lebte dort, damals noch Schülerin; heute ist sie als Lehrerin in Bühren tätig.

Eichenwäldchen Schröder in Bargdorf

Anmerkungen

1) nach internet „Wikipedia“ Gebhardi

2) Klaus Wedekind (Hrsg),10 Jahre Arbeitskreis Geschichte, SPUREN 10

3) Koptik, Walter, Gemeindechronik Bienenbüttel

4) Gemeindearchiv Bienenbüttel – Grünhagen –

5) Laudan, Wilma, Grünhagen, SPUREN 17

6) a. a. O. SPUREN 10

7) Gemeindearchiv

8) Richter, Pascale B., Das neolithische Erdwerk von Walmsdorf, Ldkr.Uelzen, Oldenburg 2002

9) Gemeindearchiv und persönliche Erinnerung von Wolfgang Koschel Bienenbüttel, seinerzeit Schüler von Josef Burget

10) Druck der Zeichnung im Gemeindearchiv und Sammlung Wedekind

11) Einladung im Gemeindearchiv

12) Kreis und Stadt Uelzen, 10 historische Radierungen, Sammlung Wedekind

13) Gemeindearchiv, Geschenk des Heinrich Maack junior

14) Gemeindearchiv und Sammlung Wedekind

15) Gemeindearchiv und Sammlung Wedekind

Verzeichnis der erschienenen SPUREN – Bände

Schriftenreihe zur Geschichte Bienenbüttels und seiner Ortsteile

SPUREN 1
Die Einheitsgemeinde Bienenbüttel. 2004 vergriffen,
überarbeitete Neuauflage 2014

SPUREN 2
Holger Runne: Geschichte der Amtsvogtei Bienenbüttel

SPUREN 3
Hans-Günter Beecken: Hohnstorf 1241 – 2004

SPUREN 4
Eberhard Behnke: Karl Kayser und seine Chronik des Kirchspiels Wichmannsburg

SPUREN 5
Jürgen Jarfe: Wulfstorf

SPUREN 6
Christine Meyer (Hrsg.): Alt werden und alt sein
in einer ländlichen Gemeinde

SPUREN 7
Jürgen Jarfe: Die Bedeutung des Geldes im II. Jahrtausend
Dargestellt vorwiegend am Beispiel Bienenbüttels und
umliegender Dörfer

SPUREN 8
Holger Runne: Urkunden des Mittelalters für Bienenbüttel
und seine Ortsteile

SPUREN 10
Klaus Wedekind (Hrsg.): 10 Jahre Arbeitskreis Geschichte –
10 Jahre Gemeindearchiv Bienenbüttel

SPUREN 11
Axel Holst – Dieter Holzenkämpfer: 100 Jahre Sportvereine in Bienenbüttel – Zur Geschichte des TSV Bienenbüttel und Umgebung e.V.

SPUREN 12
Hans-Günter Beecken – Gisela Frischmuth – Wilma Laudan – Klaus Wedekind: Vom Singcirkel zum Ilmenau-Chor Bienenbüttel 120 Jahre Chorgeschichte 1891 – 2011

SPUREN 13
Dieter Holzenkämpfer: 100 Jahre Graefke Fleischwaren
Vom Schlachtermeister zum Wurstfabrikanten 1912 – 2012

SPUREN 14
H.-G. Beecken – H. Runne (Hrsg.):
Landwirtschaftlicher Verein Bienenbüttel und Umgegend
Von Pferd und Sense zum Schlepper und Mähdrescher

SPUREN 15
Gertrud u. Wolfgang Bödeker:
Dorf – Schule Varendorf 1700 – 1972

SPUREN 16
Horst Buchholz – Gerhard Wollenweber
Bienenbüttel und die Eisenbahn

Spuren 17
Wilma Laudan: Grünhagen

Spuren 18
Holger Runne (Hrsg.): Entdeckungen

Spuren 19:
Axel Holst: Mia Meyer – eine Heidedichterin in der Mark Brandenburg 1925 – 1945